CHARLES R. SWINDOLL

EL MISTERIO DE LA VOLUNTAD DE DIOS

BETANIA

Un Sello de Editorial Caribe

Betania es un sello de Editorial Caribe

© 2001 Editorial Caribe
Una división de Thomas Nelson, Inc.
Nashville, TN—Miami, FL (EE.UU.)

email: editorial@editorialcaribe.com
www.caribebetania.com

Título en inglés: *The Mystery of God's Will*
©1999 Charles R. Swindoll, Inc.
Publicado por Word Publishing

Traductora: Josie Smith

ISBN: 0-88113-596-8

Impreso en EE.UU.
Printed in U.S.A.

5ª Impresión

Dedicatoria

Para mi esposa y para mí,
estos últimos años han sido tiempos de
misterio e incertidumbre.

En muchos sentidos, Dios nos ha parecido una paradoja
a medida que hemos continuado buscando hacer su voluntad
y andar en obediencia a su Palabra.

A veces, Él ha estado tan cerca de nosotros
que casi hemos podido sentir el aleteo de los ángeles
revoloteando alrededor de su trono...
pero otras veces nos ha parecido tan distante que nos hemos
sentido extrañamente confundidos e incluso abandonados.

Para una pareja cristiana, esas no son aguas fáciles de navegar,
especialmente cuando siente que está haciendo un viaje sin
respuesta y necesita sentirse segura.

Dos parejas han significado mucho para nosotros durante
estos meses de turbulencia y de profundo examen de
conciencia:

DAVID y WENDY CHAVANNE
y
JOHNNY y CASEY KOONS

Por el amor que nos han demostrado a través de su leal
amistad, de sus palabras de aliento, de sus compasivas acciones
de misericordia y de su apoyo en oración, les dedico este
libro con toda mi gratitud y afecto.

Contenido

∞

Introducción

Cualquier introspección seria no es sino el intrépido esfuerzo
del alma por mantener la libre independencia de su mar,
mientras los furiosos vientos del cielo y de la tierra conspiran
para lanzarla sobre la costa dura y traicionera.

—Herman Melville en *Moby Dick*

Mucha de la confusión que encontramos en la vida se
debe a nuestra falta de conocimiento de Dios y de cómo Él lleva
a cabo su inescrutable obra en nuestra vida. En los últimos años,
he tenido que luchar con muchos de los que llamo «misterios»
en mi propia vida. El resultado ha sido que he llegado a tener una
nueva comprensión de la voluntad de Dios. Muchas veces, en el
pasado, veía a la vida cristiana, e incluso a la vida en general,
como un asunto de ir de aquí a allá... del punto A al punto B.
Pero ahora creo que la voluntad de Dios para nosotros en esta
vida no es una simple ecuación objetiva diseñada para llevarnos a
un destino señalado aquí en la tierra, sino más bien el viaje mismo. No se trata de nuestra propia bien meditada «misión» para
nuestra vida, sino más bien lo que a Él le importa en nuestra vida.

Nuestra tendencia humana es concentrarnos únicamente en
nuestro llamamiento, es decir, en dónde debemos ir, en cómo
llegar allí, y en qué debemos hacer exactamente en cuanto a eso.
Pero el interés de Dios está en el proceso al que Él nos está sometiendo para que maduremos y nos preparemos, conformán-
donos cada vez más a la imagen de su Hijo. Dicho en otras
palabras, todos nosotros (incluso *usted* mismo) somos una obra
en proceso.

Piense en los hombres y mujeres de la Biblia que fueron conscientes del llamamiento que les hizo el Señor, pero que muy pronto descubrieron que el obedecer ese llamamiento o el llegar a ese lugar de servicio era algo extremadamente tortuoso, a menudo sorprendente, y a veces sumamente doloroso. Realmente, a veces nunca llegaron «allí», o por lo menos no llegaron al lugar donde habían esperado ir.

A Abraham se le dijo que sacrificara a su hijo Isaac. Esa había de ser su misión, claramente expresada y comunicada sin tapujos por el Señor. Pero en realidad, Dios solo lo estaba probando, teniendo en todo momento otros planes en su mente. ¿Fue esto sorprendente para Abraham? Sí. ¿Misterioso? ¡Definitivamente!

David fue ungido para que llegara a ser rey de Israel. Ese era el propósito establecido. Así se lo manifestó Samuel. Pero no transcurrió mucho tiempo antes de que David se convirtiera en el objeto de la ira y de los celos de Saúl. Y por doce años o más la presión que sufrió debió ser tan grande que David debió haberse preguntado si realmente sobreviviría para verse algún día en posesión del trono. ¿Fue esto algo inesperado para David? Indudablemente.

¿Y qué podemos decir en cuanto al pobre Oseas? ¡Qué vida tan escandalosa la suya! Sin embargo, fue la voluntad del Señor que Oseas se casara con la adúltera Gomer y que la recibiera una y otra vez a pesar de su permanente infidelidad. Ese fue otro misterio... desde nuestra perspectiva.

Después tenemos a José, difamado, maltratado y falsamente acusado. ¿Cómo es posible que esa fuera la voluntad de Dios para uno de sus vasos escogidos, aparentemente llamado por Dios para ser un gran líder? Bueno, la fue.

O pensemos en Juan el Bautista, decapitado por un capricho de la hijastra de Herodes. ¡Eso sí que es un misterio! ¿Cómo es posible que esa fuera la voluntad de Dios para alguien a quién Él tanto amaba y que había utilizado tan poderosamente?

Y el caso de Pablo. Después de haber sido llamado tan claramente por Dios para que fuera el apóstol a los gentiles, pasó el resto de su vida saliendo de un infierno para meterse en otro. ¿Cómo actuó la voluntad de Dios en el logro de ese objetivo? De una manera muy dolorosa. Todo estuvo lleno de obstáculos y de interrupciones. ¡Qué cosa tan misteriosa!

La lista pudiera continuar interminablemente si quisiéramos mencionar todo lo misteriosa que ha sido la voluntad de Dios en la vida de su pueblo a través de los siglos.

Son estos misteriosos, sorprendentes y, ¿por qué no decirlo?, muchas veces inquietantes aspectos de la voluntad de Dios, el asunto del cual quiero ocuparme en las páginas siguientes. Por alguna razón, no es mucho lo que uno encuentra escrito sobre este tema. Lo que más encontramos es cómo el Señor, de una manera clara y serena, lleva a su pueblo de aquí para allá, con poca lucha y casi sin ninguna incertidumbre. Es algo rápido, sencillo y fácil... o por lo menos, eso es lo que nos dicen.

Siendo que esa no ha sido mi experiencia, y debido a que rara vez lo encuentro así en las Sagradas Escrituras o en la vida de las personas de hoy en día, me pareció apropiado reconocer la existencia del aspecto misterioso, impreciso e inquietante de la obediencia. No hay nada malo en no poder explicar o admitir por qué los seguidores de Cristo muchas veces no encuentran, de ninguna manera lógica humana, la senda que Él nos traza para que andemos por ella. Es mi esperanza, por lo menos, que este libro le permita confesar lo siguiente: «Esto está más allá de mi capacidad de comprensión. Para mí, es un misterio.»

Como ocurre cuando se escribe cualquier libro, este no ha sido estrictamente solo obra mía. Hay tres personas, especialmente, a las que doy las gracias por su ayuda entre bastidores.

En primer lugar, a mí muy resuelta y diligente amiga, Judith Markham, cuya ayuda en la redacción demostró una vez ser incalculable.

En segundo lugar está Mary Hollingsworth, quien me ayudó a dar los toques finales al manuscrito... ¡antes del plazo concedido para entregarlo!

Y en tercer lugar, a Julie Meredith, quien ubicó y verificó la exactitud de todas las citas utilizadas por mí, y logró el permiso, de una manera eficiente y oportuna, para que yo pudiera utilizarlas.

Mi reconocimiento a estas valiosas mujeres no tiene límites. Por diversas razones, usted tiene en sus manos este libro gracias al trabajo tan excelente realizado por ellas.

Y por supuesto, como siempre, mi gratitud a mi esposa Cynthia por su estímulo y apoyo. Ha sido nuestra misteriosa (y a menudo *dolorosa*) peregrinación de los últimos años lo que me ha llevado a escribir sobre este tema. Gracias a Dios, ella siempre estuvo conmigo cuando nos vimos rodeados de tanta confusión, pocas respuestas y pocas fuerzas.

—Chuck Swindoll
Dallas, Texas

Parte I

Los golpes de la voluntad de Dios

Dios no buscará en usted medallas,
títulos o diplomas, sino cicatrices.
—ELBERT HUBBARD, en *The Note Book* [El libro de notas]

Si lo intentamos, podemos fácilmente aprender a soportar la
adversidad... La de los demás, quiero decir.
—MARK TWAIN, en *Following the Equator*
[Siguiendo al Ecuador]

1

Un proceso y un rompecabezas

Lo mejor es quizás lo que menos entendemos

—C.S. Lewis, en *A Grief Observed* [Una pena acatada]

Es muy desconcertante, al borde de lo que llamamos eternidad, fijar nuestra mirada y no saber más de lo que sabemos *aquí* y *ahora*.

—Byron, en *Don Juan*

Las personas quieren tener certidumbre,
pero solo hasta que se encuentran en la incertidumbre
hay esperanza para ellas.

—Emerson, en *Essays: First Series* [Ensayos: Primera Serie]

Capítulo uno

Un proceso y un rompecabezas

La BANDERA DE LA TRISTEZA ondeó a media asta en el corazón de muchos norteamericanos a mediados de julio de 1999. Se había producido otra tragedia. Otra persona más, en una larga lista de nombres conocidos del famoso clan de los Kennedy, había probado la muerte mucho antes de que cualquiera lo hubiera pronosticado... y de una manera que la mayoría de nosotros jamás hubiera imaginado.

Irónicamente, había ocurrido a pocas millas de la misma playa y de la misma aletargada isla vacacional donde el joven John solía jugar cuando era un muchacho. ¿Es que la tristeza nunca terminará para esta familia acongojada y aturdida por tantas desgracias? La lista es una letanía de tragedias y sorpresas que parece un libro de Lamentaciones moderno. Antes hubo asesinatos horribles, muertes repentinas, enfermedades trágicas y amenazadoras, y ahora estaba la búsqueda desesperada en el mar de los restos de tres vidas que terminaron de la manera más trágica que cualquiera de nosotros pudiera haber imaginado. Hay quienes han dicho que se trata de una suerte de «maldición» que los persigue. Definitivamente, en cuanto a los Kennedy hay muchísimas preguntas sin respuesta.

Independientemente de donde usted y yo podamos ubicarnos política, ética y moralmente, y a pesar de que estemos o no de acuerdo con sus vidas y estilos de vida, cada uno de nosotros damos vuelta en nuestra cabeza, una y otra vez, a la pregunta: *¿Por qué?* Nos ponemos a pensar cuánto tiempo más durarán las desgracias, si eso es lo que son, y quién será el próximo. Es un misterio.

Aun siendo cristianos que creemos firmemente en un Dios de orden y misericordioso, en uno que «cuida amorosamente de los suyos», no podemos negar la realidad de que mucho de lo que Él hace y de que la mayor parte del porqué lo hace, caen en esa categoría... al menos desde nuestra perspectiva. Y no se trata del misterio de una sola familia, ya que todos nosotros (no solo los ricos y famosos) vivimos rodeados de misterios. Ellos nos acompañan a todos nosotros a través de toda la vida. A los sanos y robustos, y también a los enfermos, a los incapacitados y a los que están con un pie en la tumba. Lo mismo ocurre con los que son jóvenes y con los viejos. Con los creyentes y con los ateos.

Llegó el momento de decirlo: la mayoría de las veces la vida es para nosotros un dilema. Las preguntas profundas e inquietantes son mucho más numerosas que las respuestas estrechas y convencionales, a pesar de que amamos al Señor y estamos consagrados a su plan. A pesar de que obedecemos su Palabra y buscamos con afán hacer su voluntad. Si somos lo suficientemente honestos para reconocerlo, hay días (no, hay aun meses) cuando sencillamente no podemos descifrar lo que Dios está tramando.

Cuantos más años vivo, más convencido estoy de que uno de los temas más profundos de la vida cristiana es la voluntad de Dios. Cuanto más averiguamos, más cuenta nos damos de lo poco que sabemos. Si nos detenemos a pensar con profundidad en la manera como Él nos guía a través de la vida, tenemos que llegar a la conclusión de que este es uno de los temas más misteriosos de la vida espiritual. Sin embargo, observo que utilizamos con mucha ligereza frases como «es la voluntad de Dios» o «confiamos en que la voluntad de Dios está en esto.»

Alguien ha dicho que educarse es pasar de un conocimiento inconsciente a un conocimiento consciente de nuestra propia ignorancia. Cuando nosotros hacemos un estudio serio de la voluntad de Dios, vamos de un conocimiento inconsciente a un conocimiento consciente de cuán misteriosamente Él nos conduce por la vida. Esto explica, quizás, el porqué nuestro andar con el Señor es muchas veces inconsistente y el porqué es a veces más una lucha que un descanso. Enfrentémoslo: mucho de su plan sencillamente no tiene sentido... no lo tiene para nosotros.

Mucho de la comprensión de esto es un asunto de voluntad, no de la voluntad de Dios, sino de nuestra voluntad. Yo sé muy bien esto en mi corazón y no siempre quiero, en realidad, hacer su voluntad.

Por supuesto, decimos que sí queremos. Si nos pidieran que respondiéramos con un «sí» o un «no» a la pregunta, todos nosotros diríamos: «Sí, yo quiero conocer su voluntad.» Pero *hacer* la voluntad de Dios es completamente otro asunto, porque casi sin excepción eso exige riesgo, ajuste y cambio, y eso a nosotros no nos gusta. Aun el utilizar esas palabras nos produce retorcijones y experimentar la realidad de ellas es aún peor. Nos encanta lo conocido. Nos encanta la comodidad. Nos encanta algo que podemos controlar, algo que podamos rodear con nuestros brazos. Sin embargo, cuanto más cerca andamos con el Señor, menos control tenemos sobre nuestra vida y más debemos abandonarnos a Él. Entregarle nuestra voluntad y alinearla a la suya exige renunciar a lo que preferimos, a lo que queremos o a lo que nos gustaría escoger.

Así, pues, al abordar este «estudio arqueológico» de la voluntad de Dios, reconozcamos que estamos profundizando en Él sabiendo que todo dentro de nosotros se resistirá a veces a hacer lo que Él quiere que hagamos.

UN ROMPECABEZAS QUE JAMÁS RESOLVEREMOS

¿Qué es la voluntad de Dios, y qué no es la voluntad de Dios? ¿Cómo podemos conocer la voluntad de Dios? ¿Es normal no comprender la voluntad de Dios, o aún es eso posible? ¿Cómo revelaba Dios su voluntad en los tiempos de la Biblia? ¿De la misma manera como la revela hoy? ¿Hay requisitos prescritos de antemano para conocer la voluntad de Dios? ¿Puedo yo saber, en realidad, si estoy haciendo la voluntad de Dios? ¿Que estoy en su voluntad? Si es así, ¿de qué manera? Y si no estoy haciendo la voluntad de Dios, ¿cómo lo sé? ¿Puede alguien ayudarme a discernir la voluntad de Dios? ¿Me premia Él siempre si hago su voluntad?

Todas estas y muchas más son preguntas normales que cualquier creyente atento y cuidadoso tendrá que enfrentar en un momento u otro de su vida.

A veces le digo a la gente a manera de broma: «Para mí es más fácil saber la voluntad de Dios para mi *mujer* que para mi *vida*.» La realidad es, por supuesto, que nosotros muchas veces operamos bajo ese principio. Creemos saber lo que nuestra mujer debe hacer, o lo que nuestro hijo debe hacer, o lo que nuestro vecino debe hacer, o lo que nuestro amigo debe hacer. Pero lo difícil es saber lo que yo debo hacer.

¿Quién puede ayudarnos a discernir esto? ¿En quién podemos apoyarnos o en quién confiar? ¿Hay algunos ejemplos de aquellos que han andado en la voluntad de Dios? ¿O qué hay en cuanto a lo contrario? ¿Hay algunos ejemplos de aquellos que se han apartado de su voluntad? ¿Es siempre la voluntad de Dios una sorpresa? Y si es así, ¿por qué querría Él sorprendernos? ¿Es eso justo?

En las páginas siguientes quiero tratar de dar respuesta a estas preguntas en una u otra forma. Pero antes de que comencemos, necesito admitir algo que, en cierta manera, pudiera ser una contradicción. Reconozco que *este tema es inescrutable*. Lea, por favor, de nuevo, estas cuatro palabras. Durante los años que pasé estudiando en el seminario, uno de mis profesores solía decir: «Uno de los problemas de ustedes como jóvenes teólogos es que tratan de desenroscar lo inescrutable.» Por consiguiente, algunas veces diré, sin ninguna reserva ni titubeo: «No sé la respuesta.» Este es un tema profundo, insondable. Y aunque hemos recibido mucha dirección e iluminación en la Palabra de Dios, hay mucho más que está más allá de nuestra humana comprensión. Por consiguiente, decida ahora mismo que eso no será motivo de preocupación para usted, ni siquiera si es uno de esos tipos perfeccionistas que tratan de barrer hasta la última partícula de polvo de los rincones, tratando de penetrar en cada aspecto del asunto y de entenderlo todo a la perfección. Usted nunca podrá lograr eso en este tema. Benjamín Disraeli lo dijo muy bien: «Ser consciente de que usted es un ignorante es un gran paso hacia el conocimiento».

Pero no lo crea solo porque yo se lo digo. Aprendámoslo de la Biblia misma. Veamos Job 9, donde Job le está respondiendo a Bildad que ha venido junto con Elifaz y Zofar a traer un poco de consuelo a su sufrido amigo. Escribo esto con ironía ya que estos tipos vinieron a acusar a Job. Como el mismo Job dice más adelante: «Consoladores molestos son todos ustedes. ¡Qué miserables consejeros han sido!»

Si usted se toma el tiempo suficiente para leer Job 8, verá como Bildad le echa toda la culpa a Job tratando de que se sienta culpable. Después, en el capítulo 9.1-10 Job le responde. Usted puede casi verlo totalmente frustrado y clamando:

Ciertamente yo sé que es así. ¿Y cómo se ha de justificar un hombre ante Dios? Si uno quisiera contender con él [Dios], no le podría responder una cosa entre mil. Él es sabio de corazón y poderoso en fuerza. ¿Quién se ha endurecido contra él y ha quedado ileso? Él arranca las montañas de su lugar, y ellas no saben que en su furor las trastorna. Él sacude la tierra de su lugar y estremece sus columnas. Él manda al sol, y éste no brilla; y pone un sello a las estrellas. Por sí solo extiende los cielos y camina sobre las ondas del mar. Él hizo la Osa Mayor, el Orión, las Pléyades y las constelaciones del sur. Él hace cosas tan grandes que son inescrutables, y maravillas que no se pueden enumerar.

Job está invadido de un temor reverente por el Creador, quien «sacude la tierra de su lugar.» Los habitantes de California conocen bien esa sensación, esa inquietante y perturbadora sensación de inseguridad que produce la tierra sacudiéndose debajo de sus pies. Habla de alguien que «manda al sol, y éste no brilla; y pone un sello a las estrellas». Nosotros podemos poner en funcionamiento nuestros relojes gracias a estas luces celestiales que Dios puso en movimiento desde el comienzo. Él hace «cosas tan grandes», dice Job, cosas que son «inescrutables». Cuando se trata de la actividad y de los planes de Dios, jamás podremos decir: «¡Por fin lo tengo! ¡Lo tengo ya todo explicado!». No podremos decir esto hasta que lleguemos al cielo, cuando conoceremos plenamente, así como fuimos conocidos.

«El primer sonido que escucharemos de cada garganta, cuando lleguemos al cielo, será: "¡Ahhh!"», dice mi buen amigo Jay Kesler. «Ahora me doy cuenta de todo. Ahora entiendo por qué. Ahora todo este panorama de cosas que antes me resultaban misteriosas tiene sentido frente a mis ojos.»

Mi profesor, el difunto Ray Stedman, hacía una descripción filosófica de este asunto. Aún puedo recordar sus palabras en cuanto a nuestra mudanza de la tierra al cielo: «Nos mudamos de una esfera muy restringida y limitada, a este extraordinario panorama de la escena total. Y eso será algo excelente.» Todo habrá obrado para bien, incluidas las tragedias, las calamidades, las aflicciones, las enfermedades, los padecimientos y lo que llamamos muertes prematuras, las terribles deformidades, los defectos de nacimiento y las enfermedades congénitas. Todo se pondrá en claro, y veremos que el plan de Dios era correcto. Pero no será hasta entonces. Eso es lo que trata de decir Job:

> Él hace cosas tan grandes que son inescrutables, y maravillas que no se pueden enumerar. Si él cruza junto a mí, yo no le veo; él pasa sin que yo lo comprenda. Si él arrebata, ¿quién lo hará desistir? ¿Quién le dirá: ¿Qué haces? (Job 9.10-12)

¿Quién no se ha sentido tentado alguna vez a amenazar con el puño a Dios y clamar: «¿Qué estás haciendo?» Cuando un hijo ha sido secuestrado y brutalmente asesinado, exclamamos:

«Dios, ¿qué estás haciendo?» Cuando el esposo que va a la ferretería un sábado por la mañana y es atropellado por un conductor borracho y en un segundo es separado de su esposa e hijos, exclamamos. «¿Qué se ha propuesto Dios?» Cuando una joven madre es sometida a una operación de rutina, y surgen complicaciones y fallece, exclamamos. «Dios, ¿qué estás haciendo?.» Sin duda, esto es algo insondable.

Hay muchas cosas en esta vida que están más allá de nuestra comprensión. Yo no puedo explicar el plan de Dios. Lo único que puedo saber por las Escrituras es lo insondable que es ese plan.

El salmista lo expresa elocuentemente en el salmo 139.1-3:

> Oh Jehovah, tú me has examinado y conocido, tú conoces cuando me siento y cuando me levanto; desde lejos entiendes mi pensamiento. Mi caminar y mi acostarme has considerado; todos mis caminos te son conocidos.

Antes de que algo venga a mi pensamiento, tú ya sabes que está en camino. Tú sabes cuando viene a mi mente, y lo que va a suceder después como resultado de eso. Tú lo sabes mucho antes de que me llegue el pensamiento. Con todo, seguimos teniendo la libertad de tener ese pensamiento y llevar a cabo esa acción. Esto es parte de la naturaleza insondable de nuestro Dios. «Desde lejos entiendes mi pensamiento. Mi caminar has considerado.»

En la Navidad de cierto año, les compramos a nuestros hijos una cosa llamada «Ciudad Hormiga.» Esta consistía en láminas de plástico transparentes a cada lado, llena de arena y hormigas. Desde nuestra estratégica posición exterior y mirando desde arriba, podíamos ver lo que estos activos animalitos estaban haciendo dentro de la arena. Veíamos cómo se desplazaban haciendo túneles y dejando un laberinto de rastros.

De manera parecida, Dios escudriña nuestro caminar. Desde donde estamos, haciendo túneles y desplazándonos a través de ellos, lo único que vemos es la arena que está inmediatamente frente a nosotros, detrás, y a nuestro lado. Pero desde su posición estratégica, Él puede ver exactamente dónde hemos estado y hacia dónde nos dirigimos exactamente. «A él le son conocidos todos mis caminos.»

Yo conozco muy bien a Cynthia, mi esposa, pero yo no conozco íntimamente *todos* sus pensamientos, aunque hemos estado casados por casi cuarenta y cinco años. Por mucho que pueda conocer a mi esposa o a mis hijos o a un amigo, jamás conoceré íntimamente *todos* sus pensamientos. La razón es que mi naturaleza finita me impide tener ese conocimiento.

Sin embargo, Dios nos conoce individualmente a cada uno de nosotros. Él cuenta los cabellos de nuestra cabeza (lo cual es un reto mayor en el caso de algunos que en el de otros). Las esperanzas, las intenciones de desobediencia, las inclinaciones, las decisiones, la indecisión, las motivaciones, las palabras que pensamos pero que no decimos... Él las sabe todas.

> Pues aún no está la palabra en mi lengua, y tú, oh Jehovah, ya la sabes toda. Detrás y delante me rodeas y sobre mí pones tu mano. Tal conocimiento me es maravilloso; tan alto que no lo puedo alcanzar (Salmo 139.4-6).

«Puedo ser tu hijo», está diciendo David, «y puedo escribir tu música, Señor, y también puedo ser el rey de tu pueblo, pero, Señor, tus pensamientos están mucho más allá de mi comprensión. Me son insondables. No puedo comprender ni explicar lo que estás haciendo. Tal conocimiento es demasiado grande para mí. Yo no puedo alcanzarlo. Yo no puedo lograrlo.»

¿Por qué es que en una misma familia un hijo toma un camino y otro toma otro? «Tal conocimiento no lo puedo alcanzar.» Todos nosotros somos pecadores. Entonces, ¿por qué una pareja se divorcia después de seis meses de estar casada y otra permanece unida durante sesenta años? ¿Por qué algunas personas son llamadas a servir en una posición modesta, anónima y difícil, mientras que otras sirven en una posición destacada, rodeadas de apoyo? ¿Por qué, por qué, por qué? «Tal conocimiento es demasiado grande para mí, que no lo puedo alcanzar.»

Por tanto, pongamos claro este asunto desde el principio. Todas estas cosas y muchas más jamás podremos entenderlas en esta vida. A pesar de todo lo que escudriñemos y estudiemos las Escrituras, nunca podremos verlo todo claramente; jamás podremos comprender y responder a todas las preguntas. Están más allá de nuestra comprensión, son un rompecabezas, un misterio.

En su libro *Keep a Quiet Heart* [Un corazón sosegado], Elisabeth Elliott dice: «El hoy me pertenece. El mañana no me incumbe. Si me pongo a escudriñar la niebla del futuro, le pondré tanta presión a mis ojos espirituales que no podré ver claramente lo que se exige de mí ahora.»[1]

Mucho de lo que sucede en la vida tenemos simplemente que aceptarlo por fe. Las respuestas no están a la vuelta de la esquina. Estas son las tensiones de la realidad, y si nos dejamos controlar por estas tensiones no podremos avanzar. Así es como lo planeó nuestro Padre celestial.

¿Quién podrá jamás explicar los sucesos que tuvieron lugar en la Escuela Secundaria Columbine en abril de 1999, en Littleton, Colorado? Esa tragedia, en la que catorce adolescentes y una maestra murieron, siendo cristianos la mayoría de ellos, está más allá de nuestra comprensión. ¿Por qué *permitió* un Dios amoroso y misericordioso, que hace todas las cosas bien, que ocurriera ese hecho? En nuestra mente, nada de lo que ocurrió se adapta a nuestra concepción de lo que es la bondad y la misericordia de Dios. ¿Cómo pudo suceder una cosa tal?

¿Pudo acaso ser todo eso parte de su plan? ¿Pudiera ser que, en esta extraña revelación de su voluntad, no hemos dejado suficiente espacio para el mal que Él permite? Job le preguntó a su mujer lo que ahora yo le pregunto a usted: «Recibimos el bien de parte de Dios, ¿y no recibiremos también el mal?» *Es un misterio*... basado en cómo vemos nosotros las cosas, en cómo evaluamos la justicia, y en cómo medimos la bondad.

Dios es el alfarero, y nosotros el barro. Él es el pastor, nosotros las ovejas. Él es el amo, nosotros los siervos. No importa cuán educados seamos; no importa cuánto poder e influencia podamos pensar que tenemos; no importa cuánto tiempo hayamos caminado con Él; no importa cuán importantes podamos imaginar que somos en sus planes (si es que alguno de nosotros pudiera creer que es importante); nada de eso nos califica para captar la más mínima partícula de por qué Él hace lo que hace, y cómo decide hacerlo.

> Porque mis pensamientos no son vuestros pensamientos, ni vuestros caminos son mis caminos, dice Jehovah. Como son más altos los cielos que la tierra, así mis caminos son más altos que vuestros caminos, y mis pensamientos más altos que vuestros pensamientos (Isaías 55.8,9).

> ¡Oh, la profundidad de las riquezas, y de la sabiduría y del conocimiento de Dios! ¡Cuán incomprensibles son sus juicios e inescrutables sus caminos! Porque: ¿Quién entendió la mente del Señor? ¿O quién llegó a ser su consejero? (Romanos 11:33,34)

En una antigua obra escrita por Orígenes, titulada *De Principis*, el gran padre de la iglesia subraya lo que el apóstol de la gracia quiso decir cuando escribió estas palabras:

> Pablo no dijo que los juicios de Dios eran difíciles de comprender, sino que no podían ser comprendidos en absoluto. Él no dijo que los pensamientos de Dios eran difíciles de descubrir, sino que era imposible descubrirlos. Por mucho que alguien pueda avanzar en esa búsqueda y hacer progresos a través de un estudio intenso, aun cuando su mente sea ayudada e iluminada por la gracia de Dios, jamás podrá alcanzar la meta final de su búsqueda.[2]

Al reflexionar en los insondables pensamientos de Dios y en el tema de este libro, me acuerdo del niño de seis años a quien se le dio la tarea de dibujar cualquier cosa que quisiera. Pero cuando todos los demás niños de la clase ya habían terminado su dibujo, él estaba todavía haciendo el suyo. Finalmente la maestra se le acercó y vio por encima de su hombro lo que estaba haciendo.

—¿Qué estás dibujando? —le preguntó.

—Estoy haciendo un retrato de Dios —dijo el niño.

—Tienes que recordar, Juanito, que nadie ha visto jamás a Dios. Nadie sabe como es Él.

—Bueno... lo sabrán cuando haya terminado —dijo Juanito.

Eso mismo es lo que a mí me encantaría pensar en cuanto a este libro. Que cuando haya terminado de escribirlo, y que cuando el editor haya terminado la impresión y los lectores su lectura, la gente sepa por lo menos cómo es Dios. Pero aun cuando yo piense que todos hemos aprendido algunas cosas juntos, sé con toda humildad y realidad, que no lo sabrán todo ni lo verán todo en estas páginas. ¡Así, pues, no se hagan muchas ilusiones!

Lo que sí espero que hagamos es que aprendamos a volvernos a Dios y a confiar en que Él hará su voluntad en nuestra vida. Ojalá que nos demos cuenta de nuestra enorme ignorancia y de la necesidad de confiar en Él, y que después aceptemos lo que sea. Simplemente que lo aceptemos. Si el plan de Dios es una sorpresa para usted o, quizás, una desilusión, que así sea. Le insto a aceptar la desilusión y a aceptar la sorpresa. Siga adelante... y llámelo un misterio. Deje que Él haga su voluntad en su vida, porque nada es peor que resistir e irritarse con aquel que está obrando en usted.

Lo admirable es que, aun en medio de la desilusión, de la sorpresa, y del misterio, usted descubrirá lo confiable y fiel que es Dios y lo seguro que está en sus manos. ¡Cuánto necesitamos esto en estos tiempos de relativismo y de vacilaciones, llenos de palabrería hueca y de juego semántico! En medio de tanta confusión, es el Señor quien dice las cosas como son. Es el Señor quien ha preservado la verdad escrita en su Palabra. Y es también el Señor quien tiene el derecho de hacer lo que le plazca con nosotros, en nosotros y a través de nosotros. Recordemos que Él es el alfarero. Por más incomprensible que nos pueda parecer ese proceso, Él sigue con su plan. Nosotros no tenemos por qué saber todas las razones, y Él, por supuesto, no necesita dar explicaciones de lo que hace. El alfarero trabaja con el barro, sin preocuparse por este... ni tampoco le pide permiso para convertirlo en lo que él desee.

Si vamos a dejar que Dios sea en verdad Dios, forzosamente tenemos que decir que Él tiene el derecho de someternos a cualquier proceso que desee. El camino puede ser doloroso y a la vez misterioso... incluso una tragedia en el mar a siete millas de distancia de Martha's Vineyard, o una masacre en un colegio de Littleton, Colorado.

2

Dios decreta... Dios permite

El proceder de Dios es complejo, y para nosotros Él resulta difícil de predecir. Dios mueve todas las piezas, y estas, de alguna manera, quedan en su debido lugar.

—Eurípides, en *Helena*

Hay algo fundamentalmente incorrecto en cuanto a un interés puramente académico en Dios. Él no es el objeto apropiado para la observación y evaluación científica fría, crítica e indiferente. No. El verdadero conocimiento de Dios nos llevará siempre a adorarlo ... Lo que nos toca a nosotros es inclinar nuestro rostro delante de Él en adoración.

—John R. W. Stott, en *Romans: God's Great News for the World* [Romanos: La gran noticia de Dios para el mundo]

Capítulo dos

Dios decreta... Dios permite

Pensar en forma teológica es una tarea difícil porque va contra nuestra perspectiva humana y horizontal en cuanto a la vida. Pensar verticalmente es una disciplina que pocos han llegado a dominar. Preferimos, más bien, vivir en la esfera del aquí y ahora, ver la vida como los demás la ven, y lidiar con realidades que podemos tocar, analizar, probar y explicar. Nos sentimos mucho más cómodos con lo tangible, con lo familiar y con lo lógico que ha sido modelado por nuestra cultura y que se aplica a los tiempos en que vivimos.

Pero Dios nos ofrece una mejor manera de vivir, una manera que exige fe; que nos eleva por encima del trajín penoso y aburrido de nuestro pequeño mundo inmediato y nos abre nuevas dimensiones de pensamiento, incorporando una nueva perspectiva sin las limitaciones humanas. Pero, para participar de esta mejor manera, tenemos que acostumbrarnos a pensar teológicamente. Una vez que hayamos hecho el cambio, nuestro enfoque ya no será el mismo, porque ya no viviremos dentro de una esfera de existencia egocéntrica, sino que habremos abierto la puerta de nuestra mente a un marco de referencia centrado en Dios, donde todas las cosas comienzan y terminan con Él.

Dios llamó a un profeta llamado Jeremías para que ministrara en su nombre. Jeremías se acobardó por la tarea que le había sido asignada porque, desde su propia perspectiva, era demasiado joven e inexperto... simplemente demasiado inadecuado. Pero el Señor silenció esa forma horizontal de pensar diciéndole a Jeremías que Él ya lo conocía, aun antes de que hubiera sido concebido, y que lo había apartado aun antes de que naciera. Dios también le prometió que lo protegería, lo libraría y lo utilizaría de manera poderosa. Eso hizo que Jeremías comenzara a pensar en forma teológica. Dios había decretado ciertas cosas, y Jeremías debía obedecer sin ningún temor ni vacilación. Vendrían, sin duda, tiempos difíciles, pero todo ello sucedería con el permiso de Dios. Jeremías podía consolarse grandemente al saber que la voluntad de Dios se cumpliría, a pesar de las calamidades que le aguardaban. Dios lo había llamado y lo protegería, por lo que la oposición que Jeremías enfrentaría (y que Dios permitió que ocurriera) no detendría ni alteraría el plan de Dios (el cual Él había decretado que sucediera).

Lo animo, por tanto, a pensar en forma teológica en lo que resta de este capítulo, pues le será de ayuda. Si lo hace, captará la importancia tanto de la voluntad decretal de Dios como de su voluntad permisiva.

LA VOLUNTAD DECRETAL DE DIOS

La primera faceta de la voluntad de Dios es lo que llamaremos su voluntad decretal, su voluntad soberana, determinada e inmutable. A esta se refirió Job cuando dijo:

> El hombre, nacido de mujer, es corto de días y lleno de tensiones ... Ciertamente sus días están determinados, y el número de sus meses depende de ti. Tú le has fijado sus límites, los cuales no podrá traspasar (Job 14.1,5).

Las palabras de Job nos dicen que la voluntad decretal de Dios sigue su curso tal y como ha sido diseñado por nuestro gran Dios. Este aspecto de la voluntad de Dios no es algo que nosotros podemos predecir; solo podemos saberlo después que ha sucedido.

Hay ocasiones en las que su voluntad decretal nos toma por sorpresa... como cuando tenemos los resultados de un examen médico y la resonancia magnética muestra un tumor del cual no teníamos ni la mínima idea que existiera. O cuando una esposa, que tiene treinta y siete años de edad, le informa sonriendo a su esposo, de cuarenta y cinco, mientras cenan: «Vamos a tener otro bebé.» ¡Y el menor de sus hijos ya está en la escuela secundaria! O cuando la bolsa se desploma un día, alcanzando su nivel más bajo después de diez años.

Pudiera parecer que Aquel que nos formó está demasiado distante para ocuparse de los detalles nimios de la vida en este viejo planeta. Pero ese no es el caso ya que su plan misterioso sigue su curso tal y como ha sido previsto, y exactamente como Él lo ha decretado.

Este mundo no está fuera de control, girando alocadamente por el espacio. Ni tampoco están los habitantes de la tierra a merced de un destino ciego y arbitrario. Cuando Dios creó el mundo y colocó a las estrellas en el espacio, también fijó el curso de este y su plan para la humanidad.

Obviamente, no todo el mundo cree esto. Para algunos, esta creencia es perturbadora y repugnante, razón por la cual van en busca de otros dioses.

Hace algunos meses, cuando viajaba por avión al sur de California, mi compañero de asiento sacó un grueso y desgastado libro titulado *Todas las religiones del mundo*. Mientras él leía, sentí el deseo de tomarlo de la mano y conducirlo al único Dios, que es Señor de todos y por sobre todos, al Único que satisface como jamás podrá hacerlo ninguna de las religiones del mundo. Lo intenté, pero sin éxito.

El apóstol Pablo trató precisamente este mismo asunto cuando predicó en Atenas. La ciudad estaba llena de ídolos, porque los antiguos atenienses tenían un elenco innumerable de dioses y diosas. Hasta le habían levantado un monumento «AL DIOS NO CONOCIDO.» Luego, con un magistral lance de genio orador, Pablo dijo al efecto: «Permítanme que les presente a Dios, a este Dios que ustedes no han conocido» (Véase Hechos 17.16-34).

Hay solo un Dios, y Él es el responsable de su soberano plan decretado sobre esta tierra.

> Yo soy Jehovah, y no hay otro. Aparte de mí no hay Dios. Yo soy quien forma la luz y crea las tinieblas, quien hace la paz y crea la adversidad. Yo, Jehovah, soy quien hace todas estas cosas (Isaías 45.5-7).

El Señor declara, a través de la pluma de Isaías, que Él es quien «forma la luz y crea las tinieblas, quien hace la paz y crea la adversidad.» Esta es otra de esas cosas «inexplicables.» Yo no sé por qué razón un tornado destruye a un vecindario, pero no destruye a otro. Lo que sí sé es que, a pesar del desastre, el plan de Dios no se ve frustrado ni alterado. O es así, o Él no es Dios. El Señor no está sentado en el extremo del cielo preguntándose que sucederá después. Ese no es el Dios de las Escrituras. Así, pues, si bien es cierto que nosotros no podemos comprender el «porqué» de esta antiquísima pregunta, lo que sí sabemos es que la Biblia dice que a Dios no lo toma por sorpresa ningún desastre. De alguna manera u otra, todo es parte de su misteriosa voluntad.

Ahora bien, este es un concepto difícil de justificar. Por consiguiente, mi consejo es muy sencillo: Renuncie a hacerlo. Si bien este no es el versículo que usted envía en una nota de consuelo a alguien que acaba de sufrir una gran tragedia, sí es un versículo que usted necesita para consolarse cuando experimente una tragedia en su propia carne. Recuerde que nada toma por sorpresa a Dios, ni siquiera nuestras pruebas más leves. Es posible que su plan nos parezca injusto, humanamente ilógico, y carente de compasión, pero eso es porque estamos viviendo en el aquí y el ahora. Carecemos de la perspectiva vertical. De hecho, a veces reñimos con Dios, como lo testifica el profeta Isaías:

> ¡Ay del que contiende con su Hacedor, siendo nada más

que un pedazo de tiesto entre los tiestos de la tierra! ¿Dirá el barro al que le da forma: qué haces, o tu obra no tiene asas? ... Yo hice la tierra y creé al hombre sobre ella. Son mis propias manos las que han desplegado los cielos, y soy yo quien ha dado órdenes a todo su ejército. Yo lo levantaré a él en justicia, y allanaré todos sus caminos. Él edificará mi ciudad y dejará ir a mis cautivos; no por precio, ni por soborno, dice Jehovah de los ejércitos (Isaías 45.9,12-13).

Hubo un momento en mi vida cuando declaraciones como esa me caían mal y me ofendían. Y no fue sino hasta que renuncié a mi perspectiva horizontal que logré tener consuelo en la soberanía de Dios. Poco a poco esa conciencia comenzó a fijarse en mi mente dándome confianza en vez de temor. ¡Es Dios quien tiene el control, no nosotros! A esto me refiero más detalladamente en el capítulo 5 de este libro.

Esta dimensión determinada y decretal de la voluntad de Dios tiene cuatro características: (1) Es absoluta. (2) Es inmutable, que significa «inalterable.» (3) Es incondicional. (4) Está siempre en armonía total con el plan de Dios y con su naturaleza. Dicho de otra manera, la voluntad decretal de Dios será siempre santa, recta, buena y justa. Por consiguiente, será siempre la mejor. Y todo obrará hacia el logro de su objetivo.

El tema de la voluntad de Dios está entretejido a través de todo el tapiz de la verdad de Dios, tal como lo revelan las Escrituras. Ya lo hemos visto en Isaías, y lo veremos ahora en Romanos:

Y sabemos que Dios hace que todas las cosas ayuden para bien a los que le aman, esto es, a los que son llamados conforme a su propósito. Sabemos que a los que antes conoció, también los predestinó para que fuesen hechos conformes a la imagen de su Hijo; a fin de que él sea el primogénito entre muchos hermanos. Y a los que predestinó, a éstos también llamó; y a los que llamó, a éstos también justificó; y a los que justificó, a éstos también glorificó (Romanos 8.28-30).

Escriba estas palabras: «Voluntad decretal de Dios» en el margen de su Biblia, porque su voluntad decretal está obrando en su vida. Él está eliminando todo lo que no conviene a su vida, llevándolo a tener el carácter de su Hijo, Jesucristo.

Una vez le preguntaron a un escultor como podía tallar la cabeza de un león utilizando un voluminoso bloque de mármol. Su respuesta fue: «Sencillamente elimino lo que no se parece a la cabeza de un león.» Dios trabaja continuamente en nuestro ser y elimina todo lo que no se parece a Cristo: la impaciencia, la irascibilidad, el orgullo, los impulsos emocionales que nos alejan de nuestro Padre. Él nos está conformando a su imagen. Ese es su plan predeterminado, y Él está consagrado a ese plan. Nada que nosotros hagamos podrá disuadirlo de ese plan. Dios sigue firme e inflexible con él. Y a Él jamás se le agotan las ideas creativas.

Esa es la razón por la que Él envía a una persona a un campo misionero en la China, y a otra a trabajar en un banco que está en el centro de la ciudad de Seattle. Eso es parte de su plan soberano de conformar a las personas a la imagen de Cristo. No significa que la persona que va a la China sea más santa ni que esté más cerca de la voluntad de Dios que la persona que se dedica a la actividad bancaria. Usted estará cometiendo una equivocación si no va al lugar donde Él lo está guiando. ¿Cómo saber si eso es parte de su voluntad decretal? Porque ya ha sucedido. Eche solo una mirada a su pasado, y podrá identificar la voluntad decretal de Dios en su vida. Grant Howard escribe en su libro *Knowing God's Will –and Doing It* [Cómo saber la voluntad de Dios y hacerla]:

¿Puedo yo saber cuál es la voluntad determinada de Dios para mi vida? Sí, ¡después que ha sucedido! Usted sabe ahora que la voluntad determinada de Dios para su vida fue que naciera de ciertos padres, en cierto lugar, bajo ciertas condiciones, y que fuera del sexo masculino o femenino. Ahora sabe que Dios determinó que tuviera ciertos rasgos, ciertas experiencias, ciertos maestros, ciertos intereses, una cierta clase de educación, y quizás ciertos hermanos y hermanas, o quizás que fuera hijo único. En otras palabras, todo lo que ha sucedido en su vida hasta este momento ha sido parte de la voluntad determinada de Dios para su vida. Ha sucedido porque Él ha determinado que así sea.[1]

«Espere un momento, espere un momento», le oigo decir. «Tengo una pregunta que hacerle.» Todos tenemos preguntas en cuanto a esto. Ya le dije que es algo profundo. Le dije que no podíamos entenderlo. Lo que sucede es que nosotros queremos tener el control. Queremos decir: «No, esto es asunto mío. Yo escojo mis propios amigos; yo decido sobre mis intereses. Yo decidí a donde quiero ir a hacer mis estudios universitarios.»

Ahora es *mi* turno para que le diga: «Espere un momento» ¿Quién puso a circular la proclama de que usted está ahora en control? El asunto no depende de usted. Usted es el barro; Él es el alfarero. ¿Lo recuerda? Usted es la rama; Él es la vid. Usted es el siervo; Él es el amo. Todo está en manos de Él. ¡Qué manera de vivir tan maravillosa!

Lo que le pueda parecer en este momento como una serie de hechos misteriosos e ilógicos es, en realidad, Dios en actividad trabajando en maneras muy profundas para ser explicadas, demasiado profundas para nuestro entendimiento... por ahora. Grant Howard continúa diciendo:

¿Y qué del futuro? ¿Puedo yo conocer alguna parte de la voluntad determinada de Dios para mi vida en el futuro? Las dos únicas cosas que puede saber con certeza son su posición espiritual y su destino eterno. Si usted está en Cristo ahora, puede tener la más absoluta seguridad de que permanecerá en Cristo en cada momento de su vida en el futuro. El resto de su futuro le estará oculto hasta que sucedan las cosas. Su carrera, su cónyuge, el lugar donde estará su casa, las calificaciones que obtendrá en sus estudios, sus enfermedades, distinciones, y jubilación, todo esto es parte de la voluntad determinada de Dios que no le será revelada antes de tiempo. Aparte de su posición espiritual y de su destino eterno, nada de lo que sucederá en su vida podrá predecirse con absoluta certeza.[2]

Deténgase y piense. ¿Quién habría adivinado cinco años atrás que usted estaría haciendo lo que está haciendo ahora mismo, o que habría experimentado en esos cinco años lo que ha experimentado? Ninguno de nosotros. Y le tengo otra noticia: usted no tiene ninguna idea de lo que le depararán los próximos cinco años. El futuro es tan incierto y emocionante y tan lleno de riesgos y sorpresas, como lo han sido los últimos cinco años que ha vivido. Pero sea lo que sea que el futuro le depare, ello será incuestionable, inmutable, incondicional y estará en total armonía con la naturaleza y el plan de Dios.

«¡Nuestro Dios está en los cielos! ¡Ha hecho todo lo que ha querido!» (Salmo 115.3). Este es el versículo que citó Lila Trotman cuando se enteró de que su esposo, Dawson Trotman, el fundador de Los Navegantes, se había ahogado en Scroon Lake, Nueva York. Dawson se había lanzado al agua para rescatar a dos niñas que habían sido despedidas por una lancha de motor, y después se ahogó. El amigo que se encontraba con él corrió a lo largo de la playa y encontró a Lila: «Lila, Dawson ha muerto», gritó. «¡Ha muerto!» Fue en ese momento que Lila citó calmadamente el salmo 115.3. Había encontrado consuelo en la voluntad determinada de Dios. Lo que pareció a muchos una muerte prematura e intempestiva, fue vista posteriormente como el plan perfecto de Dios para la excelente organización que Dawson había fundado e iniciado.

Más de una vez, a través de los años, ese versículo me ha ayudado a pensar teológicamente, evitándome noches de insomnio... y de horas de agonía con la pregunta: *«¿Por qué?»*

Incluso la muerte de nuestro Salvador fue parte de la voluntad determinada de Dios:

Hombres de Israel, oíd estas palabras: Jesús de Nazaret fue hombre acreditado por Dios ante vosotros con hechos poderosos, maravillas y señales que Dios hizo por medio de él entre vosotros, como vosotros mismos sabéis. A éste, que fue entregado *por el predeterminado consejo y el previo conocimiento de Dios,* vosotros matasteis clavándole en una cruz por manos de inicuos (Hechos 2.22,23, cursivas mías).

Aunque hombres inicuos clavaron a Jesús en una cruz, eso sucedió «por el predeterminado consejo y el previo conocimiento de Dios.» Fue exactamente en el momento, en el lugar y por medio del instrumento que Dios había determinado. Y lo que a los once desconcertados discípulos pareció misterioso, como también injusto y arbitrario (humanamente hablando, fue todo lo anterior y mucho más), Dios lo vio y dijo: «Eso es lo que he planeado. Esa es la misión que mi Hijo vino a cumplir.»

Es por eso que las últimas palabras de Jesús desde la cruz, antes de morir, fueron: «¡Consumado es!» El plan redentor de Dios había sido completado: Jesús había pagado por nuestros pecados, y luego descendió a la muerte.

A él, Dios le resucitó, habiendo desatado los dolores de la muerte; puesto que era imposible que él quedara detenido bajo su dominio (Hechos 2.24).

Esto es exactamente lo que sucederá mas allá de nuestra muerte. Dios nos levantará por su gracia, poniendo fin para siempre a la agonía de la muerte, ya que no seremos detenidos por su poder. Dios lo ha *decretado* así. ¿No le parece que ese es un maravilloso pensamiento que podemos tener estando junto a una tumba?

Esto significa, no obstante, que hay algunas cosas que Dios

no puede hacer, y no hará, porque no se conforman a su naturaleza. Por ejemplo, Él no puede mentir y no mentirá (véanse Números 23.19; Hebreos 6.18). Dios no puede tentar ni tentará a nadie a pecar (véase Santiago 1.13-15). Tales acciones serían contrarias a su naturaleza y, por consiguiente, contra su voluntad.

«Nadie diga cuando sea tentado: Soy tentado por Dios», escribe Santiago, utilizando una interesante sintaxis cuando escribe esto. En el idioma original Santiago utilizó una expresión más sutil: «Nadie diga cuando sea tentado: he sido tentado indirectamente por Dios.»

Ese es un argumento conocido, ¿no le parece? Recordemos a la primera pareja, Adán y Eva. «La mujer que me diste, me indujo a pecar.» (Indirectamente: «Señor, fuiste tú quien me hizo pecar.») Y desde entonces hemos estado haciendo lo mismo. «Señor, si no me hubieras dado esta naturaleza, no me habría puesto a navegar en el Internet, no habría caído en ese *chat room* y no me habría involucrado con esa mujer, lo que me llevó a la aventura. Es decir, si no me hubieras dado el tiempo para hacer esto...» Eso no solo es una necedad, sino que es además una teología aterradora. Dios no puede tentar, no nos tienta, y tampoco nos tentará. Él nunca nos induce a hacer lo malo.

Además de esto, Dios jamás contradirá su propia naturaleza para enfatizar algo. «Si somos infieles, él permanece fiel, porque no puede negarse a sí mismo», escribe Pablo en 2 Timoteo 2.13. Dios es eternamente consistente.

Por supuesto, nosotros no hemos siquiera comenzado a arañar la superficie de este tema de la voluntad decretal de Dios, pero esto nos da por lo menos algo por donde comenzar.

Recuerde solo esto: Nadie podrá frustrar al final el plan de Dios... nadie. Nadie que nos falle es cosa de sorpresa para Dios. Nadie que se aleje de sus responsabilidades, sea hombre o mujer, lleva a Dios a preguntarse el porqué lo ha hecho.

A fin de cuentas, Dios hará que su voluntad se cumpla. Lo que Él ha determinado que suceda, sucederá.

Pero, ¿qué podemos decir en cuanto al mal? ¿Cuál es el papel de Dios en cuanto a los asuntos terrenales que no reflejan su santo carácter?

LA VOLUNTAD PERMISIVA DE DIOS

La otra esfera de la voluntad de Dios es su voluntad permisiva, que representa lo que Dios permite. Por ejemplo, Dios permitió que Job experimentara el sufrimiento. No fue Dios quien causó el sufrimiento; Él sólo lo permitió.

Satán se presentó ante Dios y acusó a Job de ser una de esas personas a las que Dios había protegido esmeradamente. «¿Quién no confiaría en un Dios que protege a su siervo de todo daño? Pero toca a Job, toca su vida, toca su familia, toca su salud, y de seguro te maldecirá.»

«Muy bien», dijo el Señor. «Te permitiré hacer todo eso.»

Yo no sé por qué Dios hizo eso. ¿Cómo podía Él llamar justo o misericordioso tal cosa? Desde mi perspectiva, no lo era. Eso es parte de su misteriosa voluntad. Pero yo no soy Dios. No soy sino arcilla, y Él es el alfarero. Sin embargo, tenemos que reconocer que cuando leemos toda la historia, vemos cuántas cosas maravillosas aprendió Job acerca de Dios a través de esta prueba.

> Entonces Job respondió a Jehovah y dijo: Reconozco que tú todo lo puedes, y que no hay plan que te sea irrealizable ... Ciertamente dije cosas que no entendía, cosas demasiado maravillosas para mí, las cuales jamás podré comprender (Job 42.1-3).

Como resultado, generación tras generación, el nombre de Job ha sido sinónimo de paciencia.

Otro ejemplo y aspecto de la voluntad permisiva de Dios se encuentra en 2 Pedro:

> El Señor no tarda su promesa, como algunos la tienen por tardanza; más bien, es paciente para con vosotros,

porque no quiere que nadie se pierda, sino que todos procedan al arrepentimiento (2 Pedro 3.9).

Esto encabeza la «lista de deseos» del Señor. Dios quiere que todos vengan a Él en arrepentimiento, y que nadie perezca. Pero no todos se arrepentirán; algunos jamás lo harán. El apóstol Pablo dijo, en efecto: «Todo lo he hecho para poder, por todos los medios, salvar a algunos» (1 Corintios 9.19-22). Él sabía que no todos serían salvos.

Cada vez que me paro a predicar, digo en oración: «Señor, trae a ti a cualquiera que esté sin Cristo en este lugar.» Pero soy realista, y sé que algunos decidirán no aceptar a Cristo. Eso también es parte del plan de Dios. Desde la perspectiva del Señor, esas personas no están entre los elegidos. Aquí hay cierto suspenso, otra de esas cosas «insondables», de esos «imponderables.» Si Él no desea que nadie perezca, ¿por qué, entonces, no salva a todo el mundo? Porque eso no forma parte de su plan soberano. Él predeterminó el plan de salvación, sabiendo que muchos lo rechazarían. Pero el plan es fijo. Inmutable e inalterable. Sin embargo, algunos prefieren las tinieblas a la luz, y por eso se negarán testarudamente a volverse a Cristo para su salvación.

Es aquí donde entra en juego todo el asunto del mal. Esta es una de las dificultades irreconciliables en nuestra teología: la tensión que hay entre la voluntad determinada de Dios y la responsabilidad de la humanidad. Necesita dar a conocer a Cristo al mundo, sabiendo todo el tiempo que no todos en el mundo creerán.

Charles Spurgeon, uno de los grandes bautistas de antaño predicadores de la gracia soberana, lo expresó bien cuando dijo: «Si Dios hubiera puesto una raya blanca en la espalda de cada uno de los elegidos, pasaría todo el tiempo en Londres recorriendo las calles y levantando los faldones de las camisas de todo el mundo. Pero como Él dijo: "Si alguno quiere venir en pos de mí", yo les predico a todos.»

Dios no quiere que nadie perezca, sino que todos procedan al arrepentimiento. Él no es autor del pecado, pero sí lo permite.

Al Señor no le agrada que su creación ceda a la tentación, pero Él utiliza hasta eso para lograr sus propósitos.

Haga ahora mismo una pausa y lea Hechos 4.27-31:

> Porque verdaderamente tanto Herodes como Poncio Pilato con los gentiles y el pueblo de Israel se reunieron en esta ciudad contra tu santo Siervo Jesús, al cual ungiste, para llevar a cabo lo que tu mano y tu consejo habían determinado de antemano que había de ser hecho. Y ahora, Señor, mira sus amenazas y concede a tus siervos que hablen tu palabra con toda valentía. Extiende tu mano para que sean hechas sanidades, señales y prodigios en el nombre de tu santo Siervo Jesús. Cuando acabaron de orar, el lugar en donde estaban reunidos tembló, y todos fueron llenos del Espíritu Santo y hablaban la palabra de Dios con valentía.

Usted encontrará a los discípulos predicando al aire libre, hablando tanto a judíos como a gentiles de la muerte y resurrección de Jesús y esquivando los ataques verbales a diestra y siniestra. Cuando esto sucede se retiran un poco y luego se reagrupan, animándose mutuamente, y volviendo de nuevo a testificar de la oferta de salvación de Dios a todo el mundo. Son azotados, vapuleados y amenazados, solo para regresar de nuevo... y volver a predicar. Son torturados y echados en prisión, y aun así siguen testificando. Eso me recuerda a esos muñecos grandes hechos de plástico que usan en los entrenamientos de boxeo: por más que uno los golpea, ellos siguen volviendo a la misma posición recta. Este es uno de esos momentos de rebote.

En su voluntad permisiva, Dios utilizó a gentiles impíos como Poncio Pilato y Herodes para llevar a cabo sus planes y propósitos. No importa cuál sea nuestra condición o estado en la vida, todos somos siervos, de una manera u otra, del soberano Señor del universo, y Él puede hacer lo que quiera con cualquiera de nosotros.

¿SABEMOS NOSOTROS ALGO EN REALIDAD?

La Palabra de Dios declara que ciertas cosas no son la voluntad de Dios, y que nunca serán la voluntad de Dios en la vida cristiana. Ella enseña también con toda claridad que hay ciertas cosas que son la voluntad de Dios para el creyente. Nosotros no tenemos que orar para «buscar dirección» en cuanto a esto. Lo único que tenemos que hacer es profundizar en el estudio de las Escrituras para extraer de ellas el mayor número de enseñanzas. Una vez desenterradas, estas verdades relumbran como el mineral más rico o la gema más brillante.

Estas son verdades consistentes, inmutables, inalterables y bíblicas dadas por Dios. Los no salvos nunca lo entenderán, ni tampoco debemos nosotros tratar de que ellos vivan de acuerdo con ellas. Son estrictamente la voluntad de Dios para cada uno de sus hijos. Por ejemplo, la inmoralidad sexual jamás es la voluntad de Dios.

> Porque ésta es la voluntad de Dios, vuestra santificación: que os apartéis de inmoralidad sexual (1 Tesalonicenses 4.3).

En este punto recuerdo los Diez Mandamientos, una lista completa y detallada de prohibiciones divinas (lea Éxodo 20.3-17). En Proverbios 6.16-19 aparece otra lista expresa y detallada de actitudes que Dios detesta.

Ahora que hemos visto algunas cosas negativas, consideremos algunas de las cosas que la Biblia nos dice explícitamente que son la voluntad de Dios para nuestra vida.

> Estad siempre gozosos. Orad sin cesar. Dad gracias en todo, porque ésta es la voluntad de Dios para vosotros en Cristo Jesús (1 Tesalonicenses 5.16-18).

«¿Debo dar gracias? ¿Es esa la voluntad de Dios para mi vida?» Por esto no hay necesidad de orar. Él lo dice aquí por lo claro: Regocíjese. Ore sin cesar. Dé gracias en todo. Dé gracias cuando esté siendo probado, cuando ya haya llegado al límite y no tenga más remedio que esperar. Sí, dé gracias. Dé gracias por la paciencia que está aprendiendo a tener. Dé gracias por la manera como Dios está obrando en su vida a través de esta prueba. Dé gracias.

Pedro, uno de los más íntimos amigos de Jesús, nos recuerda un par más de respuestas que son siempre la voluntad de Dios. La primera tiene que ver con la sumisión. La segunda se refiere al andar en obediencia en un mundo caracterizado por la desobediencia.

Estad sujetos a toda institución humana por causa del Señor; ya sea al rey como quien ejerce soberanía, o a los gobernantes como quienes han sido enviados por él para el castigo de los que hacen el mal y para alabanza de los que hacen el bien. Porque ésta es la voluntad de Dios: que haciendo el bien hagáis callar la ignorancia de los hombres insensatos (1 Pedro 2.13-15).

Si bien es cierto que no podemos saber cuál es la voluntad de Dios para el futuro, Él nos ha dado toda una lista de exigencias que son su voluntad para todo creyente:
- Obedezca a sus padres (Efesios 6.1).
- Cásese con una persona cristiana (1 Corintios 6.15).
- Trabaje en alguna ocupación (1 Tesalonicenses 4.11,12).
- Ocúpese del sostén material de su familia (1 Timoteo 5.8).
- Dé a la obra del Señor y a los pobres (2 Corintios 8—9; Gálatas 2.10).
- Críe a sus hijos de acuerdo con las normas de Dios (Efesios 6.4).
- Medite en las Escrituras (Salmo 1.2).
- Ore (1 Tesalonicenses 5.17).
- Tenga una actitud gozosa (1 Tesalonicenses 5.16).
- Adore a Dios en compañía de los demás (Hebreos 10.25).

- Proclame a Cristo (Hechos 1.8).
- Fíjese valores dignos (Colosenses 3.2).
- Tenga un espíritu de agradecimiento (Filipenses 4.6).
- Demuestre amor (1 Corintios 13).
- Acepte a las personas sin prejuicios (Santiago 2.1-10).

Y la lista continúa.

Esta es la voluntad de Dios para su vida, como hijo de Dios que es, no importa quién sea ni donde viva. Aquí no hay nada de misterioso.

Cuando más se conoce la Palabra de Dios, menos confusa resulta ser la voluntad de Dios. Los que menos luchas tienen con la voluntad de Dios son los que mejor conocen su Palabra.

Vemos claramente la importancia de las Sagradas Escrituras cuando consideramos otra de esas preguntas que siempre hacemos: ¿Cómo revelaba Dios su voluntad en los tiempos bíblicos? ¿Lo hace de igual manera hoy en día?

EN BUSCA DE DIRECCIÓN

«La dirección de Dios en el Antiguo Testamento iba hasta los detalles de la vida diaria, mientras que su dirección en el Nuevo Testamento se expresa en mandamientos y principios más generales», dice Garry Friesen en su libro *Decision Making and the Will of God* [La toma de decisiones y la voluntad de Dios].[3]

En los tiempos bíblicos, Dios revelaba su voluntad de varias maneras, pero la mayoría de ellas caen en tres categorías que aparecen confirmadas claramente en la Biblia.

En primer lugar, Dios utilizaba acontecimientos milagrosos para revelar su voluntad.

Antes de que existieran el Génesis y los demás libros, hasta el Apocalipsis, y antes de que hubiera una revelación completa y escrita de la mente de Dios, Él ocasionalmente utilizaba milagros para revelar su voluntad. ¿Ejemplos? La zarza ardiente (Éxodo 3.1-10). ¿Cómo supo Moisés que era Dios quien le estaba diciendo que regresara a Egipto y liberara a los israelitas? Por la zarza ardiente. El hecho de que una zarza ardiera en el desierto no era ningún milagro. Eso es algo que sigue sucediendo hasta el día de hoy. Cuando cae un rayo, las hojas cogen fuego y se incendian. Pero el fuego en este arbusto no se consumía. Milagrosamente, seguía ardiendo. Eso fue lo que hizo que Moisés se detuviera y escuchara la voluntad de Dios.

¿Y qué del mar Rojo? ¿Cómo supo Moisés que cruzaría el mar Rojo? El mar se abrió milagrosamente, formando una vía seca para Moisés y los israelitas (Éxodo 14.21-29). Muy buena señal de que era la voluntad de Dios que lo atravesara, ¿no le aparece?

En el tiempo de los jueces, Gedeón quiso conocer la voluntad de Dios. Por tanto, puso afuera un vellón durante la noche y Dios le mostró su voluntad dejando rocío sobre el vellón, una vez, y ningún rocío, la siguiente (Jueces 6).

¿Cómo supo Pedro, en los días de la iglesia primitiva, que era la voluntad de Dios que él quedara libre de la prisión? Porque Dios abrió las puertas y lo sacó milagrosamente (Hechos 12.1-16).

En la actualidad, Dios rara vez revela su voluntad a través de hechos milagrosos. Es posible que la gente pueda pensar que ve un milagro como, por ejemplo, un puesto libre para aparcar en el centro comercial en la temporada de Navidad, o el rostro de Jesús en una enchilada, pero no es así como Dios actúa hoy. Como dice mi amigo Gary Richmond: «Si los milagros ocurrieran tan a menudo, serían llamados cosas normales.»

No es que Dios no haga ya milagros. Sí los hace, pero los milagros, por definición, son extremadamente raros. En toda mi vida probablemente pudiera mencionar no más de tres de los que estoy consciente, y eran milagros tan evidentemente que ninguna otra explicación serviría. Pero el método normal de Dios de revelar su voluntad no es a través de milagros. Así que, por favor, no caiga en esa trampa. Esté alerta contra el esperar o ir tras los milagros para encontrar la voluntad de Dios, ya que no los necesita.

Dios se valió de milagros en los tiempos antiguos porque esa era la manera como Él le hablaba a su pueblo antes de que su Palabra fuera escrita. Hoy en día, Él nos habla a través de su Palabra.

En segundo lugar, Dios hablaba a través de visiones y sueños.
Abraham tuvo visiones, y José, sueños (Génesis 15.1; 40.8; 41.25). Dios le habló a Abraham a través de visiones, así como le habló a José por medio de sueños. Él incluso utilizó los sueños de un faraón egipcio y la interpretación por parte de José de esos sueños para preservar a Egipto de los estragos de la sequía y del hambre. Dios hizo que su voluntad se cumpliera tanto en los israelitas como en los egipcios a través de visiones y sueños.

En los tiempos del Nuevo Testamento, Pedro vio que del cielo descendía un lienzo con toda clase de comida, incluido lo que sería el equivalente de un emparedado de carne de cerdo para un judío. Él vio que había comida que le estaba prohibido comer a los judíos. Sin embargo, Dios le dijo: «¡Come!» Pedro le respondió: «¡No puedo comerla!» Dios le dijo: «¡Come!» Por medio de esta visión del lienzo y de la milagrosa provisión de Dios, Pedro descubrió que era la voluntad de Dios para él que llevara el mensaje del evangelio a los gentiles (Hechos 10.10-23).

En tercer lugar, Dios revelaba su voluntad a través de la revelación directa.
Dios manifestaba su voluntad a sus profetas, quienes, a su vez, comunicaban el mensaje al pueblo. «Amós, haz esto.» «Isaías, di eso.» «Jeremías, ve allá.» Los profetas hablaban como oráculos de Dios. «Jamás fue traída la profecía por voluntad humana; al contrario, los hombres hablaron de parte de Dios siendo inspirados por el Espíritu Santo» (2 Pedro 1.21).

La palabra griega que aparece aquí es *pherô*, que significa literalmente ser «movido a otra parte por el poder de uno mismo.» Se trata de un término náutico utilizado para las embarcaciones que no tienen timón ni velas, que son arrastradas y están a merced de las olas, del viento y de la corriente. Aquí la palabra es utilizada por los profetas, que eran movidos no por su propio poder, sino por el poder de Dios mientras Él hablaba a través de ellos y revelaba su voluntad.

Dios no habla ya a través de los profetas. No me importa lo que se diga en la televisión. O, citando a John Stott:

El predicador cristiano no es un profeta. Es decir, él no recibe su mensaje de Dios como una revelación directa y original. Por supuesto, la palabra «profeta» es utilizada hoy con ligereza por algunas personas. No es raro escuchar a un hombre que predica con pasión, descrito como alguien que posee el fuego profético. Y un predicador capaz de discernir las señales de los tiempos, que ve la mano de Dios en la historia de cada día y que trata de interpretar el significado de los giros de los acontecimientos políticos y sociales, es llamado a veces profeta y poseedor de iluminación profética. Pero yo pienso que esta clase de utilización del título de «profeta» es impropio.[4]

¿Qué es, entonces, un profeta? El Antiguo Testamento lo consideraba como el cercano portavoz de Dios... el profeta era llamado la «boca» de Dios a través de quien Dios comunicaba sus palabras al hombre. El profeta hablaba, no con sus propias palabras ni en su propio nombre... El predicador cristiano, por consiguiente, no es un profeta. A él no se le da ninguna revelación original, sino que su tarea es anunciar la revelación que fue entregada una vez para todos (Judas 3). La última aparición en la Biblia de la fórmula «vino palabra de Dios a» se refiere a Juan el Bautista (Lucas 3.2), porque él fue un verdadero profeta.

Ahora que la Palabra escrita de Dios está al alcance de todos, la Palabra de Dios por boca de los profetas ya no es necesaria. La Palabra de Dios no viene a los hombres hoy. Ella ha venido una vez y para todos; y los hombres deben ahora venir a ella.

El adquirir una clara comprensión de este concepto le ahorrará a usted días de angustia y meses de confusión. ¿Cuántas veces ha oído usted decir a alguien: «El Señor me dijo esto y aquello»? Le confieso que en mis momentos de mayor sinceridad quisiera preguntar: «¿Tenía Dios voz de barítono o de bajo? ¿Me está usted diciendo que escuchó su voz?» Y, por supuesto, cuando la gente me dice que ha escuchado realmente la voz de Dios, ¡me asusto todavía más!

¿Es que usted ha agotado de tal manera la Palabra de Dios que ahora tiene que tener una voz literal que le sirva de guía? ¡Jamás! En la Palabra de Dios tenemos una fuente inagotable de verdad. Por tanto, vaya a ella. Ella nunca contradirá el plan de Dios ni irá contra la naturaleza de Dios. Usted puede confiar en ella. Esta Palabra nos ha sido transmitida a través de los siglos, y al extraer conceptos y principios de las Escrituras, basados en una interpretación cuidadosa e inteligente de su verdad, estamos en capacidad de aplicarla de diversas maneras a nuestras circunstancias actuales. La Palabra de Dios y la voluntad de Dios están conectadas de forma inseparable. La Palabra de Dios es la revelación final de Dios, hasta que Él envíe a su Hijo y nos lleve al cielo para estar con Él. Sí... su Palabra es *final*.

> Dios, habiendo hablado en otro tiempo muchas veces y de muchas maneras a los padres por los profetas, en estos últimos días nos ha hablado por el Hijo, a quien constituyó heredero de todo, y por medio de quien, asimismo, hizo el universo (Hebreos 1.1,2).

Si usted me dice que ha entendido cuál es la voluntad de Dios para su vida a partir de las Escrituras, estudiadas meticulosamente dentro del contexto en el cual ellas fueron dadas, tendrá mi atención y mi respeto. No me venga con cuentos de una noche de visión o de alguna «palabra de conocimiento» en un sueño. No me hable de una voz, especialmente si la escuchó en medio de la noche mientras estaba de pie en su cocina. (Lo que tuvo fue, probablemente, un serio caso de indigestión.) No es mi intención hacer burla de asuntos espirituales serios, pero esta clase de revelación extrabíblica no es solo espuria, sino además totalmente peligrosa, porque nos descarría inevitablemente de la verdad de Dios. Usted será atrapado por la curiosidad y la fascinación, y eso eclipsará la autoridad de las Escrituras.

He observado que los que tienen un elevado concepto de la revelación bíblica, tienen un concepto muy bajo de cualquier clase de revelación extrabíblica. ¿Puede Dios hacerlo? Por supuesto que sí. Él es Dios y puede hacer cualquier cosa que le plazca. Pero, ¿lo hace Dios? Tengo que decirle que en todos mis años de ministerio, jamás he encontrado un incidente confiable de tal revelación. Por otra parte, he visto a personas sinceras meterse en muchos problemas y caer en la confusión porque confiaron en la revelación extrabíblica antes que en la Palabra de Dios.

Hace varios años que fui testigo de esto en la vida de un excelente pastor y en la de su esposa. Al comienzo de su ministerio, este talentoso joven estuvo consagrado a la clara y práctica exposición de la Palabra de Dios. La iglesia que pastoreaba creció, no solo en número, sino además en armonía gracias a la mutua relación amorosa de sus miembros. Era, pues, un cuerpo fuerte y saludable.

Luego, a través de una curiosa serie de acontecimientos, el pastor y su esposa comenzaron a confiar más en sueños y visiones en busca de dirección, y menos en la verdad de las Escrituras. La congregación se dividió cuando algunos del rebaño comenzaron a buscar la voluntad de Dios a través de diversos fenómenos extrabíblicos, mientras que otros se oponían a tal enseñanza. Finalmente, las divergencias acabaron con el compañerismo. El pastor abandonó la iglesia y comenzó otra a pocos kilómetros de distancia, siendo acompañado por fieles seguidores, mientras que otros se quedaron para recoger los platos rotos para volver a empezar. Hoy hay resentimientos y relaciones rotas, y la armonía ha sido sustituida por la confusión. La autoridad final de ese pastor ya no está basada en la Palabra escrita de Dios sino, más y más, en sueños, visiones, interpretaciones extrañas de la Biblia, y enseñanzas erróneas que exaltan las experiencias.

La Palabra de Dios proporciona toda la luz que vamos a necesitar en nuestra peregrinación por esta vida. Ella es «lámpara a nuestros pies y lumbrera a nuestro camino» (Salmo 119.105), que trae luz a nuestras mentes oscurecidas. Ella nos ayuda a pensar teológicamente. Y por más extraña y misteriosa que puede ser su dirección, si obtenemos nuestra comprensión de una investigación seria de la Palabra de Dios, no seremos descarriados, sino que continuaremos firmes en la sólida roca de la Palabra de verdad de Dios.

Cualquier otro terreno será arena movediza.

3

De la teoría a la realidad

Ir de un fracaso a otro sin perder nada de entusiasmo.
—Definición del éxito, según Winston Churchill

Confusión es una palabra que hemos inventado
para un orden que no es comprendido.

—Henry Miller, en *Trópico de Capricornio*

Capítulo tres

De la teoría a la realidad

«ESTOY COMPLETAMENTE CONFUNDIDO... ¿Cómo puedo saber la voluntad de Dios para mi vida?» No puedo enumerar las veces, a través de los años, que he escuchado esta pregunta. Es un dilema que ha hecho que la gente invente algunos métodos extraños para llegar a algunas confusiones aun más extrañas.

Hace algunos años, leí algo acerca de un hombre que estaba conduciendo a través de Washington, D.C., cuando su auto se apagó frente a la embajada filipina. Él interpretó con esto que debía ser un misionero en Filipinas.

Luego está el caso de una mujer que no estaba segura si debía hacer un viaje a Israel. Una noche estaba leyendo detenidamente el folleto turístico y la información sobre el viaje y notó que el vuelo iba a ser en un avión 747. Se despertó la mañana siguiente, vio la hora 7:47 en su reloj digital, y tomó eso como una señal de que debía ir a Israel.

Esta suerte de disparate es lo que llamo «teología vudú.» No es más que superstición, y tenemos que estar alertas para no ser tentados por esta clase de pensamiento.

Dios ha explicado con toda claridad muchos de sus mandatos en la Biblia, como vimos en el capítulo anterior. Pero muchas de las cosas que tratamos de resolver no están tratadas específicamente en su Palabra. Le daré algunos ejemplos.

Usted tiene un hijo que se ha destacado en un deporte en particular, y varias universidades excelentes le han ofrecido becas de estudio. ¿Cuál universidad escoger? Bueno, eso puede ser una elección difícil, pero jamás encontrará la respuesta específica en un versículo de la Biblia. Si lo encuentra, es porque le estará dando al versículo un significado diferente.

Usted es una persona soltera y está saliendo con alguien, orando porque Dios lo dirija a la pareja ideal para pasar con ella el resto de su vida. Pero no hay nada en la Biblia que diga: «Cásate con Juan», o «No te cases con María», o «Debes salir con Francisco.» Dios da principios generales en su Palabra. Por ejemplo: «No os unáis en yugo desigual con los no creyentes», pero tenemos que ponerlos en práctica.

Usted tiene un buen empleo en el sur de California, pero está cansado del humo y del atascamiento del tránsito de todos los días. Una compañía que está en Colorado le ofrece una posición similar y el mismo sueldo. ¿Debe renunciar o quedarse donde está? En la decisión que tome intervendrán un número de factores, pero no encontrará la respuesta dicha directamente en las Escrituras. Si piensa que está, es porque se está comportando de manera insólita.

Nosotros deseamos sinceramente que estas decisiones específicas de nuestra vida estén en armonía con la voluntad de Dios, y en lo más profundo de nuestro ser aspiramos que sus mandatos específicos estén expresados claramente en las Escrituras. Nos encantaría que Él nos condujera de la mano... ¡qué tranquilizador sería eso! Uno de nuestros grandes himnos antiguos lo expresa de esta manera: «Me guía él, con cuanto amor, me guía siempre mi Señor; en todo tiempo puedo ver con cuánto amor me guía él. Me guía él, me guía él, con cuánto amor me guía él; no abrigo dudas ni temor, pues me conduce el buen Pastor.» ¿No sería un alivio tomar a Dios por su poderosa mano y dejar que Él nos conduzca a donde queremos ir?

No queremos que se nos escape lo mejor de Dios para nuestra vida. Queremos ser acompañados por su presencia orientadora por un derrotero seguro. Por tanto, ¿dónde conseguimos esa orientación, esa guía? Empecemos observando algunas de las condiciones previas esenciales que nos ayudan a determinar la voluntad de Dios. Gracias a Dios, estas no son ni ambiguas ni misteriosas.

CONDICIONES PREVIAS PARA SEGUIR LA VOLUNTAD DE DIOS

Ante todo, usted debe ser una persona cristiana. «Porque todos los que son guiados por el Espíritu de Dios, éstos son hijos de Dios» (Romanos 8.14).

Cuando usted acepta a Cristo como el Salvador y Señor de su vida, el Espíritu Santo viene a morar en usted. Entre otras cosas, Él está allí para revelarle la voluntad de Dios. Solo el creyente tiene la presencia del Espíritu en él, y debemos tener esta ayuda interior si queremos seguir la voluntad de Dios.

En segundo lugar, usted debe ser prudente. «Mirad, pues, con diligencia, cómo andéis; no como necios sino como sabios, aprovechando bien el tiempo, porque los días son malos» (Efesios 5.15,16, RVR).

Al comienzo de este capítulo le di un par de ejemplos del disparate que puede resultar cuando las personas tratan de desentrañar la voluntad de Dios de una manera equivocada. Dios nos dice que no seamos necios, sino sabios, haciendo el mejor uso de nuestro tiempo, aprovechando cada oportunidad que se nos presente y utilizándola con sabiduría.

Antes del vigésimo aniversario de su nacimiento, Jonathan Edwards, el brillante y piadoso filósofo-teólogo que se convirtió en el instrumento de Dios en el Gran Avivamiento del siglo XVIII, decidió «no perder jamás un solo minuto de su tiempo, sino sacarle el máximo provecho posible.» Eso fue exactamente lo que hizo, usando bien los dones intelectuales que Dios le había dado. Ingresó a la Universidad Yale a los trece años de edad, y a los diecisiete se graduó a la cabeza de su clase. A los veintiséis era el pastor de una de las iglesias más grandes de Massachussets.

La Biblia dice que para hacer la voluntad de Dios se requiere sabiduría porque, como bien dice Pablo en el siguiente versículo, los sabios, los que no son insensatos, son «entendidos» en cuanto a la voluntad del Señor.

Obedecer la voluntad de Dios requiere sabiduría, claridad de pensamiento y sentido común. Esta combinación nos ayuda a entender la voluntad del Padre.

En tercer lugar, usted debe tener el sincero deseo de hacer la voluntad de Dios. «Si alguien quiere hacer su voluntad [de Dios], conocerá si mi doctrina proviene de Dios o si yo hablo por mi propia cuenta» (Juan 7.17).

Ese «deseo de» suyo es una luz verde: usted hará en realidad lo que Él quiere que usted haga. Usted desea realmente hacer la voluntad de Dios más que cualquier otra cosa. Más que terminar sus estudios universitarios, más que casarse, más que pagar la hipoteca de su casa; más que cualquier otra cosa, el deseo de usted es hacer la voluntad de Dios.

Al dar una mirada retrospectiva a mi propia vida, sé que hubo ocasiones cuando dije que quería hacer su voluntad, pero en realidad no la hice. Esto es duro de confesar, pero al ver con claridad lo que ha sido mi pasado me doy cuenta que hubo veces en las que me resistí a hacer su voluntad. Y eso me ha enseñado que la resistencia egoísta produce serias consecuencias.

El apóstol Pablo ofrece palabras de consejo a los que vivían en la esclavitud, palabras que tienen para nosotros un importante significado en este contexto. Pablo escribió lo siguiente: «Siervos, obedeced a vuestros amos terrenales con temor y temblor, con sencillez de vuestro corazón, como a Cristo; no sirviendo al ojo, como los que quieren agradar a los hombres, sino como siervos de Cristo, *de corazón*, haciendo la voluntad de Dios» (Efesios 6.5-6, RVR, énfasis añadido).

Hacer la voluntad de Dios de corazón exige máxima obediencia. Más que agradar a las personas, más que buscar la comodidad y la seguridad, el deseo del corazón es agradar a Dios. Es querer obedecer su voluntad con todo nuestro ser.

En cuarto lugar, usted debe estar dispuesto a orar y esperar. «Pedid, y se os dará. Buscad y hallaréis. Llamad y se os abrirá.

Porque todo el que pide recibe, el que busca halla, y al que llama se le abrirá» (Mateo 7.7,8). «Y ésta es la confianza que tenemos delante de él: que si pedimos algo conforme a su voluntad, él nos oye. Y si sabemos que él nos oye en cualquier cosa que pidamos, sabemos que tenemos las peticiones que le hayamos hecho» (1 Juan 5.14,15).

Conocer y obedecer después la voluntad de Dios puede, a veces, ser un proceso largo y doloroso.

A comienzos de la década de los años noventa, tanto el rector del seminario de Dallas como el presidente de su Junta Directiva me pidieron que considerara la posibilidad de convertirme en el próximo rector de esa institución. Por más de veinte años había sido el pastor de una iglesia en Fullerton, California. Yo no estaba buscando un cambio, ni tampoco sentía un «apremio» urgente de considerar su oferta. En realidad, dediqué muy poco tiempo a orar y hablar del asunto con mi esposa antes de que escribiera una carta al rector y al presidente de la directiva diciéndoles que no sentía que el Señor me estuviera guiando en esa dirección. Según recuerdo, hice una lista de buenas razones para no hacer ese cambio en mi carrera. Todas estas razones eran válidas, lo cual me llevó a creer que no debía considerar más el asunto. De modo que escribí una convincente carta de dos páginas, que tenían un sentido lógico perfecto... ¡pero equivocado!

El Espíritu de Dios no quería dejarme en paz. De maneras sutiles pero definidas Él siguió trayendo el pensamiento a mi mente. Lo rechazaba, pero volvía siempre. Hacía a un lado el impulso que surgía en mi interior, pero el Espíritu no permitía que transcurriera mucho tiempo sin que me aguijoneara para que volviera a considerar el asunto. Esto dio como resultado una lucha dolorosa dentro de mí. El misterio se hacía cada vez mayor en mi mente.

Mientras tanto, se produjeron otros hechos que me obligaron a volver al asunto. ¡Dios iba a hacer su voluntad, estuviera yo de acuerdo o no! Él se negaba a dejarme en paz. Hubo otras llamadas telefónicas, visitas, períodos prolongados en oración y lectura de la Biblia, conversaciones con personas a las que respetaba y acataba, y noches intranquilas. Por fin, mi corazón se inclinó en esa dirección y me vi impotente para continuar resistiendo por más tiempo. A fines de 1993, había terminado donde había comenzado: era la voluntad del Padre. No podía seguir negándolo por más tiempo. De modo que, sorprendido y maravillado, dije que sí.

En quinto lugar, obedecer la voluntad de Dios significa que usted debe estar dispuesto a renunciar a todas sus comodidades. «Ahora, he aquí yo voy a Jerusalén con el espíritu encadenado, sin saber lo que me ha de acontecer allí; salvo que el Espíritu Santo me da testimonio en una ciudad tras otra, diciendo que me esperan prisiones y tribulaciones. Sin embargo, no estimo que mi vida sea de ningún valor ni preciosa para mí mismo, con tal que acabe mi carrera y el ministerio que recibí del Señor Jesús, para dar testimonio del evangelio de la gracia de Dios» (Hechos 20.22-24).

Pablo habla aquí de la dirección a la cual el Espíritu lo está dirigiendo, como alguien que tiene «el espíritu encadenado.» No puede hacer otra cosa, sino la voluntad de Dios; está consagrado a ella, encadenado por ella. Él dice: «Hermanos, me estoy despidiendo de ustedes, aquí en Éfeso, y voy a un lugar donde las cosas no van a ser cómodas. En realidad, habrá luchas, presiones, incomodidades y aflicciones, peligros y hasta prisiones. Pero nada de eso importa. Ni siquiera mi vida importa.»

Nosotros estamos en un proceso; estamos en una peregrinación. Si queremos terminar bien el viaje, de acuerdo con la voluntad de nuestro Señor, debemos estar dispuestos a enfrentar cosas serias en el camino, entre las cuales están la pérdida de cosas que nos resultan familiares y la necesidad de hacer ajustes muy importantes.

Ahora sabemos cuáles son algunas de las cosas indispensables que se necesitan antes de que podamos pensar en obedecer la voluntad del Señor. Sin embargo, aunque todas estas cosas estén en su debido lugar, o por lo menos estemos consagrados a ellas, ¿cuál es el siguiente paso que debemos dar? Si estamos decididos a obedecer, tenemos entonces que ser capaces de sentir la presencia y complacencia de nuestro líder. ¿De qué manera, entonces, nos guía hoy el Señor al conocimiento de su voluntad? Sin negar todo el misterio que muchas veces acompaña su voluntad, he encontrado varias razones categóricas que me ayudan a obedecer al Señor.

¿DE QUÉ MANERAS GUÍA DIOS HOY?

Probablemente pudiera hacer una lista de por lo menos diez maneras de cómo Dios guía a sus hijos hoy, pero me limitaré a cuatro que pienso que son los métodos más importantes en cuanto a la dirección de Dios.

Primero y principal, Dios nos guía a través de su Palabra escrita. Como bien dijera el salmista: «Lámpara es a mis pies tu palabra, y lumbrera a mi camino» (Salmo 119.105).

Siempre que usted vea la frase bíblica «es la voluntad de Dios», tenga por seguro que esa es su voluntad. Usted también sabe que desobedecer es pisotear su Palabra. Los preceptos y principios que contienen las Escrituras son también indicaciones claras de su dirección.

Los preceptos son declaraciones precisas tales como: «Apartaos de la inmoralidad sexual.» Es como decir: «Límite de velocidad 55 km por hora.» ¿Qué es exceso de velocidad? Todo lo que sea más de 55 kilómetros por hora. Ese es un precepto.

Luego están los principios de las Escrituras; estos son pautas generales que requieren discernimiento y madurez si queremos comprenderlos. Pablo escribe acerca de «la paz de Dios» que guarda y dirige nuestras mentes y corazones (Filipenses 4.7). Es como el aviso que dice: «Conduzca con cuidado.» Esto puede significar 65 Km por hora en una autopista despejada, o bien 15 Km por hora en una curva cubierta de hielo. Pero siempre significa que debemos estar alertas y conscientes de las condiciones; siempre significa que tenemos que tener discernimiento. No hay un aviso lo suficientemente grande que enumere todas las opciones que usted tiene cuando está detrás del volante. Por lo tanto, usted debe conocer las reglas del tránsito, obedecer las señales que hay, y utilizar toda su pericia junto con su discernimiento.

En las Escrituras hay preceptos, pero Dios nos ha dado, mayormente, principios a seguir. Estos principios exigen sabiduría y discernimiento. «Enséñame buen sentido y sabiduría», escribió el salmista, «porque tus mandamientos he creído» (Salmo 119.66).

Muchas veces, por la emoción del momento o por la presión del día, hacemos una decisión que nunca haríamos a la luz clara y penetrante de la Palabra de Dios. Recuerdo a una pareja que vino a verme hace varios años en busca de asesoramiento conyugal. Su matrimonio no estaba funcionando y habían llegado a la apresurada conclusión de que les estaba haciendo falta un perro, o tal vez un bebé para poder vivir en armonía. ¡Por Dios, si el matrimonio tenía problemas, con toda seguridad que un bebé no arreglaría la situación, ni tampoco un perro! Quizás el problema estaba en que uno era creyente y el otro no. Quizás uno no estaba respetando al otro. Sea lo que fuere que les estaba faltando, les aseguré que los principios a seguir podían encontrarlos en la Biblia.

Usted jamás se equivocará si consulta las Escrituras. De lo único que tiene que asegurarse es de tomarla en su contexto correcto. Por ejemplo, 1 de Corintios 7 está dedicado en su totalidad al matrimonio, al nuevo casamiento y a las luchas que hay en el matrimonio. Es un capítulo importantísimo que contiene consejos muy prácticos, pero hay que examinar todos estos versículos en su contexto. Jamás utilice el «método de la ventana abierta», que consiste en dejar que el viento sople sobre las páginas de su Biblia y luego cerrar los ojos y señalar un versículo y decir: «Esta es la dirección de Dios en cuanto a este asunto.» Si hace eso, podría terminar con la frase: «Entonces Judas se fue y se ahorcó», ¡como su versículo para el día! Nunca haga eso.

¿Le gustaría a usted que al ir a ver un médico por cierta enfermedad, este le dijera sin siquiera examinarlo: «Se trata de la vesícula»? Usted le preguntaría: «¿¿Cómo lo sabe?», y él le respondería: «Bueno, hace unos minutos que me senté junto a la ventana y confié en que Dios soplaría las páginas de mi libro de anatomía en cuanto a su problema, y el tema que había en la página que apareció fue la vesícula.» Usted se marcharía del lugar lo más rápido posible, ¿no es verdad?

Sin embargo, hay personas que toman sus decisiones en la vida de esa manera (basadas en una Embajada Filipina y en los números 747, o en el estado de ánimo del momento). Muchas de ellas son tan sinceras que les tengo compasión. Practican esta clase de vudú teológico, se meten en problemas y después dicen: «Bueno, Dios me dirigió así», cuando Él no tuvo absolutamente nada que ver con su decisión.

Necesitamos, por tanto, estar muy claros en cuanto a la manera como Dios guía a su pueblo hoy. Dios nos guía a través de su Palabra escrita. Sin embargo, recuerde que esto no significa que debemos tener un versículo bíblico especial para cada decisión o acción específica que tomemos.

En segundo lugar, Dios nos guía a través del impulso interior del Espíritu Santo. Lea las siguiente palabras con sumo cuidado: «De modo que, amados míos, así como habéis obedecido siempre, no sólo cuando yo estaba presente, sino mucho más ahora en mi ausencia, ocupaos en vuestra salvación con temor y temblor. Porque Dios es el que produce en vosotros tanto el querer como el hacer, para cumplir su buena voluntad» (Filipenses 2.12,13).

Ahora que usted ha nacido de nuevo, Pablo le dice que se ocupe de su salvación. En otras palabras, tenga discernimiento, piense bien las cosas, utilice su cabeza, preste atención, tome con seriedad su vida cristiana, porque es Dios (el Espíritu Santo) quien está obrando en usted. Es por eso que el apóstol puede decir en el versículo que sigue: «Hacedlo todo sin murmuraciones y contiendas» (Filipenses 2.14). A medida que el Espíritu de Dios que está en usted se ocupa de diversas formas de guiarle, haciendo en usted la voluntad de Dios, llegará a aceptarlo, no importa los retos que pueda traer el futuro.

Dios le guía a un lugar caluroso, como un desierto, y usted va allí sin murmuraciones ni contiendas. Ha estado casado durante seis meses, y su esposa se ve afectada por una enfermedad debilitante que la pone en una silla de ruedas. Usted enfrenta la situación «sin murmuraciones y contiendas.» Aunque no entiende la razón, confía en que es parte del plan de Dios. Yo pudiera contarle por lo menos media docena de historias de personas que han sobrevivido a este tipo de pruebas y que han salido victoriosas, con un testimonio admirable. Una de las más universalmente conocidas es, por supuesto, la historia de Joni Eareckson Tada, cuyo testimonio ha tocado las vidas de miles y miles de personas. También pienso en una joven pareja cristiana que en los últimos quince años ha estado viviendo bajo circunstancias increíblemente difíciles. Cuando ambos se acercaban a los treinta años, y siendo padres de cuatro niños, a la joven madre le diagnosticaron esclerosis múltiple. Ahora, ya mayores de treinta, y con la condición de ella cada vez peor, siguen siendo testimonios vivientes de la gracia de Dios «sin murmuraciones y contiendas.» Esto es claramente el resultado de la obra interior del Espíritu Santo.

El impulso interior del Espíritu Santo nos da una sensación de la guía de Dios, aunque esa guía no es siempre lo que pudiéramos llamar una «experiencia grata.» En cuanto a mí y como antes mencioné, la decisión de aceptar el rectorado del seminario de Dallas no fue fácil. Finalmente, fue una decisión en paz, pero no fue lo que yo habría querido o escogido. ¿Recuerda mi historia? Yo encontré todas las maneras de ofrecer resistencia cuando me fue ofrecido el cargo. ¿Se acuerda de esa carta de dos páginas, con todo bien pensado y justificado, llena de la Palabra de Dios? Ella habría convencido a cualquiera de que yo no era la persona adecuada para el cargo. Solo que Dios se estaba ocupando de convencerlos a ellos, y después a mí, de que yo *era* la persona adecuada. Aunque eso iba contra mis deseos en ese tiempo, no pude resistir el impulso soberano y todopoderoso del Espíritu Santo.

El libro de Judas ofrece un maravilloso ejemplo de esto: «Queridos hermanos, he deseado intensamente escribirles acerca de la salvación que tenemos en común, y ahora siento la necesidad de hacerlo para rogarles que sigan luchando vigorosamente por la fe encomendada una vez por todas a los santos» (Judas 3, NVI). Judas había comenzado a escribir una carta a sus hermanos cristianos acerca de la salvación, acerca de la obra consumada por Cristo en la cruz. Esa era su intención original... hasta que el Espíritu Santo lo impulsó a hacer otra cosa. «Siento la necesidad de hacerlo», reconoce Judas. He subrayado esa frase en mi Biblia: «Siento la necesidad». Eso fue nada menos que el impulso interior del Espíritu Dios.

De manera parecida, yo también sentí la necesidad de reconsiderar la invitación que me había hecho el seminario de Dallas. Por eso puedo testificar, por mi experiencia personal, que usted puede creer que conoce realmente la voluntad de Dios, y a pesar de ello estar absolutamente equivocado. Pero, si lo está, el acicate del Espíritu Santo lo estará inquietando interiormente. «El corazón del hombre traza su camino, pero Jehovah dirige sus pasos» (Proverbios 16.9).

No hay nada malo en planificar. No hay nada malo en pensar bien las cosas. No hay nada malo en consultar las estadísticas, calcular el pro y el contra, y aclarar bien las cosas. Sin embargo, a medida que sigue adelante, manténgase sensible al silencioso pero importantísimo impulso de Dios a través de su Santo Espíritu. Es fácil conducir un automóvil que está en movimiento y llevarlo a la estación de gasolina para aprovisionarse de combustible. Pero es difícil que avance cuando se ha detenido en seco. Así, pues, si usted está dedicado a algo, haciendo sus planes y pensando bien el asunto, solo permanezca comunicativo, ya que al hacerlo es posible que sienta el impulso interior que estimulará un pensamiento como este: «No puedo creer que yo esté todavía interesado en eso. ¿Qué estará haciendo el Señor? ¿Adónde está yendo con todo esto?»

El escritor Henry Blackaby dice: «¡Esté atento para ver dónde está Dios en acción, y únasele!» Hágalo. ¿Por qué quisiera usted estar donde Dios no está en acción?

«Te haré entender y te enseñaré el camino en que debes andar», dice el Señor. «Sobre ti fijaré mis ojos» (Salmo 32.8). El Espíritu de Dios en nuestro interior es el que nos está guiando.

Ese impulso interior es crucial, porque con frecuencia no entendemos. «De Jehovah son los pasos del hombre; ¿cómo podrá el hombre, por sí solo, entender su camino?» (Proverbios 20.24). (¡Me encanta eso!) Al final de todo, usted dirá: «Francamente, no lo entendía. Debió haber sido Dios.» ¡Eso sí que es misterioso! Mientras más años tengo de vida cristiana, menos sé por qué Él nos guía como lo hace. Pero lo que sí sé es que Él nos guía.

La tercera manera como Dios nos guía es a través del consejo de personas sabias, calificadas y confiables. Con esto no me estoy refiriendo a un guía en el Tíbet ni a un extraño de aspecto grave en la parada del autobús. Se trata de una persona que ha demostrado ser sabia y confiable y que, por consiguiente, está calificada para dar su consejo en un determinado asunto. Por lo general, tales personas son de más edad y más maduras que nosotros. Además, son personas que no tienen nada que ganar o perder con nuestra decisión. Esto significa también que muchas veces no forman parte de nuestra familia cercana. (Los miembros de la familia cercana por lo general no quieren que hagamos algo que nos aleje de ellos, o que sea causa de inquietud o preocupación para ellos o para nosotros.)

Una excepción bien conocida en cuanto a esto es Moisés, quien escuchó el sabio consejo de su suegro, Jetro (Éxodo 18.19-27). «Moisés, estás tratando de encargarte de demasiadas cosas», dijo Jetro. «Tú no lo puedes hacer todo; necesitas ayuda.» Moisés escuchó, y descubrió que la voluntad de Dios era que delegara la mayor parte de sus numerosas responsabilidades.

En los momentos críticos de mi vida he buscado el consejo de personas experimentadas, y rara vez se han equivocado. Esa ha sido mi experiencia. Pero usted debe buscar a sus consejeros muy cuidadosamente. Y así como nuestros mejores consejeros no son nuestros parientes, muchas veces tampoco son nuestros mejores amigos. Las personas sabias y confiables son aquellas que quieren para usted solo lo que Dios quiere. Estas personas serán siempre objetivas, escucharán con atención y responderán sin apresuramiento, y muchas veces no le darán una respuesta en el momento que usted la pide. Quieren primero consultarla con la almohada; quieren pensarla bien.

Finalmente, Dios nos guía a su voluntad dándonos una seguridad interna de paz. «Y la paz de Cristo gobierne en vuestros corazones», escribió Pablo a los colosenses, «pues a ella fuisteis llamados en un solo cuerpo; y sed agradecidos» (Colosenses 3.15). La seguridad interna de paz será como un árbitro en su corazón.

Aunque la paz es una emoción, he descubierto que ella es maravillosamente tranquilizadora cuando he tenido que luchar con la voluntad del Señor. La paz que procede de Dios se hace presente a pesar de los obstáculos o de las contingencias, no importa los riesgos o los peligros. Es casi como si Dios estuviera diciendo: «Yo estoy en esta decisión... Pon tu confianza en mí durante todo el proceso.»

La voluntad de Dios para nuestras vidas no es una suerte de teoría altisonante, sino una realidad. Ya hemos discutido algunas de las condiciones y requerimientos necesarios para obedecer la voluntad de Dios, y también hemos visto algunas de las maneras como Dios nos guía para que hagamos su voluntad. Ahora viene el corolario de todo esto: Tenemos que obedecer su voluntad en el mundo real. En su excelente libro *Mi experiencia con Dios*, Henry Blackaby nos da unos buenos consejos en cuanto a hacer exactamente eso.

En primer lugar, la voluntad de Dios nos conduce a lo que él llama una «crisis de confianza.» Eso es «un punto crucial o una bifurcación en el camino que exige que usted haga una decisión.» El hacer la voluntad de Dios exige una decisión, y esa decisión requiere *fe* y *acción*. Usted no puede ver el final, por lo que tiene que confiar en Él en fe y después aventurarse. Tiene que actuar. La fe y la acción son como gemelas: van juntas.[2]

Imagine lo difícil que debió haber sido para Moisés tomar ese primer paso hacia el Mar Rojo. Pero su fe requirió acción. Antes de que pudiera cruzarlo, tenía que dar ese primer paso. Al hacerlo, Dios formó un camino seco a través del mar. Blackaby dice lo siguiente:

> Dios está deseando revelarse a sí mismo a un mundo que está observando. Él no le llama a usted a involucrarse solo para que la gente vea lo que usted es capaz de hacer. Él le llama a hacer una tarea que no podría hacerse sin su ayuda. Esta tarea tendrá una dimensión inmensa... Hay personas que dicen: «Dios nunca me pedirá que haga algo que no puedo hacer.» Pero yo he llegado a una situación en mi vida que me ha hecho pensar que si la tarea que Dios me está dando es algo que sé como manejar, ella probablemente *no* procede de Dios. Las clases de tareas que Dios da en la Biblia son siempre inmensas. Ellas están siempre más allá de lo que las personas pueden hacer porque Él quiere demostrar su naturaleza, su fortaleza, su provisión y su gracia a su pueblo y a un mundo que está observando. Esa es la única forma como el mundo vendrá a conocer a Dios.[3]

Hebreos 11.6 nos dice que «sin fe es imposible agradar a Dios, porque es necesario que el que se acerca a Dios crea que él existe y que es galardonador de los que le buscan.» Obedecer la voluntad de Dios significa que debemos creer que Dios es quién dice que es, y que Él hará lo que dice que hará.

Cuando Cynthia y yo comenzamos el ministerio *Visión para vivir* en 1979, éramos unos perfectos novatos. No teníamos ninguna experiencia en radio, no sabíamos nada del mundo de los medios de comunicación, y prácticamente no teníamos un centavo para comprar tiempo de transmisión. Incluso ninguno de los dos escuchábamos radio cristiana. Pero fue a eso que nos llevó el inmenso plan del Señor. Por dos décadas ininterrumpidas tuvimos que creer que Dios es quien Él dice ser, y que Él hará lo que dice que hará. Llegará el momento cuando nos veamos acorralados, aparentemente sin ninguna salida, por lo que tendremos que confiar en Él. Pero el Señor se moverá de una manera especial para darnos la dirección. Y cuando llegue el momento de mostrar los créditos, como en las películas que vemos en la televisión o el cine, el nombre del Señor es el nombre que deberá aparecer.

Las tareas inmensas no solo exigen fe, sino también grandes ajustes. Yo jamás he visto una excepción a esta regla: *La voluntad de Dios está siempre acompañada de grandes ajustes.* Ir de la teoría a la realidad en la voluntad de Dios implica riesgo y renuncia, que significa cambio. Citamos de nuevo a Blackaby:

> Usted no puede continuar viviendo como siempre, o seguir donde está, y andar con Dios al mismo tiempo. Esta es una verdad que está presente a lo largo de toda la Biblia. Noé no podía seguir viviendo como siempre, y construir el arca al mismo tiempo. Abram no podía quedarse en Ur o Harán y engendrar una nación en Canaán. Moisés no podía quedarse en lo último del desierto pastoreando ovejas y enfrentarse al faraón al mismo tiempo. David tuvo que abandonar sus ovejas para convertirse en rey. Amós tuvo que abandonar los sicómoros para poder predicar en Israel. Jonás tuvo que abandonar su hogar y vencer un gran prejuicio para poder predicar en Nínive. Pedro, Andrés, Jacobo y Juan tuvieron que dejar su negocio de la pesca para seguir a Jesús. Mateo tuvo que abandonar su puesto de cobrador de impuestos para seguir a Jesús. Y Saulo (llamado después Pablo) tuvo que cambiar totalmente el curso de su vida para ser utilizado por Dios en la predicación del evangelio a los gentiles.[4]

DOS PREGUNTAS INQUISITIVAS

Permítame que le haga dos preguntas directas, al poner punto final a las ideas expuestas en este capítulo. En primer lugar: *¿Qué es lo que hace que el riesgo sea algo tan difícil para usted?* Sea muy sincero al responder esta pregunta. Deshágase de toda niebla que pueda haber en su pensamiento. Elimine de raíz todas las ortigas y las enredaderas de la tradición, los malos hábitos o la simple holgazanería. El cambio, para la mayoría de las personas, es un reto sumamente grande. El caminar con el Señor es una senda riesgosa, y todo lo que hay dentro de nosotros, cuando vivimos y nos apoyamos en nuestra propia comprensión de las cosas, clama: «Sigue simplemente como hasta ahora. No te metas en problemas. Si algo no se ha roto, no tienes que repararlo.» Pero es necesario, a veces, reorganizar las cosas aunque no se hayan roto. Hay veces que necesitamos un cambio drástico de dirección, no necesariamente porque estemos yendo en una mala dirección, sino porque simplemente no es la dirección que Dios quiere para nosotros. Él no quiere que cambiemos lo mejor por lo bueno.

Y ahora, mi segunda pregunta: *¿Está usted dispuesto a hacer un cambio drástico en su vida, dando por sentado que es la voluntad de Dios que lo haga?* Yo estoy ahora convencido de que el verdadero problema no es tanto «¿Qué quiere el Señor que yo haga?», sino, «¿Estoy dispuesto a hacerlo, una vez que Él me lo aclare?»

Antes de que avancemos al capítulo siguiente, haga una pausa y responda esas dos preguntas. No es sino hasta que las haya contestado que estará preparado para seguir adelante, materializando la voluntad de Dios en su vida.

4

Vivamos la voluntad de Dios

Los años que usted ha dejado atrás, con todas sus luchas
y dolores, serán recordados más adelante solo como la
manera que ellos le condujeron a su nueva vida.
Pero mientras la nueva vida no sea totalmente suya, sus
recuerdos continuarán causándole dolor. Si usted sigue
recreando los hechos dolorosos del pasado, puede
sentirse como una víctima de ellos.

—Henry Nouwen, en *The Inner Voice of Love*
[La voz interior del amor]

Una vida santa no es la consecuencia automática de leer buenos libros, de escuchar buenas cintas, de asistir a buenas reuniones. Es el resultado de una unión viva y amorosa con Jesucristo y de una vida caracterizada por una disciplina piadosa.

—Warren Wiersbe, en *On Being a Servant of God* [Cómo ser un siervo de Dios]

Capítulo 4

Vivamos la voluntad de Dios

Baste lo dicho hasta aquí en cuanto a información general. Ahora hemos llegado al momento de involucrarnos personalmente. La verdad es que nuestro problema no es una falta de conocimiento sino una ausencia de pasión... es nuestra renuencia para hacer lo que creemos que Dios desea que hagamos. Yo he conocido a algunas personas que excusan su falta de involucrarse diciendo que Dios es quien lo hace todo. Después de todo, Él es soberano. Él, y únicamente Él, es quien hace que las cosas sucedan.

En su libro titulado *The Knowledge of the Holy* [El conocimiento del Santo], A. W. Tozer ofrece esta sencilla pero útil ilustración en cuanto a la voluntad y soberanía de Dios:

> Si en su absoluta libertad Dios ha determinado darle al hombre una libertad limitada, ¿quién puede aplacar su mano o decirle: «¿Qué haces?» La voluntad del hombre es libre porque Dios es soberano. Un Dios menos que soberano no podría conceder libertad moral a sus criaturas, pues temería hacerlo.
>
> Tal vez una ilustración nos ayude a comprenderlo. Un transatlántico zarpa de Nueva York a Liverpool, con un destino que ha sido determinado por las autoridades

correspondientes. Nadie puede cambiarlo. Esta es, al menos, una débil imagen de lo que es la soberanía.

A bordo del transatlántico hay un gran número de pasajeros. Estos no están encadenados, ni tampoco tienen sus actividades determinadas por un decreto. Tienen absoluta libertad para moverse adonde quieran. Comen, duermen, juegan, se pasean perezosamente por la cubierta, leen, hablan, y están enteramente a sus anchas. Pero, todo ese tiempo, el gran barco los está llevando invariablemente hacia un puerto predeterminado.

Tanto la libertad como la soberanía están presentes aquí, y no se contradicen entre sí. Lo mismo ocurre, pienso yo, con la libertad del hombre y la soberanía de Dios. El formidable transatlántico del plan soberano de Dios mantiene su rumbo firme sobre el mar de la historia. Dios se mueve serenamente y sin impedimentos hacia el logro de sus eternos propósitos en Cristo antes de que el mundo comenzara. Nosotros no sabemos todo lo que está incluido en estos propósitos, pero ya nos ha sido mostrado lo suficiente para que tengamos un gran esbozo de las cosas que habrán de venir y para que tengamos esperanza y la seguridad firme de un bienestar futuro.[1]

Como hijos de Dios, nuestro supremo deseo debe ser hacer su voluntad. Y lo cierto es que en nuestros momentos de mayor juicio y reflexión deseamos hacer su voluntad. En realidad, nos deleitamos en hacer su voluntad, e invariablemente, al echar una mirada retrospectiva, nos sentimos muy agradecidos por la manera cómo Él nos ha conducido hasta este momento. Nos maravilla ver cómo Él nos ha guiado al lugar donde quería que estuviéramos.

Y a eso se reduce el estar en el transatlántico de la voluntad de Dios: el ir adonde Él quiere que vayamos, y ser lo que Él quiere que seamos. Esto significa renunciar a nuestros propios planes, a nuestro orgullo y a nuestra voluntad, mientras nos rendimos totalmente a su plan y propósito. De eso se trata todo. Mientras tanto, experimentamos una profunda paz interior y una dichosa sensación de realización porque estamos dentro de la circunferencia de su plan, moviéndonos inexorablemente hacia lo que Él ha destinado para nuestra vida.

En el transcurso de ese plan estamos sometidos a la voluntad decretal de Dios, la cual cubre por lo general las cosas reveladas en las Escrituras y deja sin decir las cosas que todavía pertenecen al futuro. Participamos en las partes específicas de su voluntad, donde jugamos una parte. Es en esto último donde muchas veces se produce la lucha porque el proceso de la voluntad de Dios no es pasivo. No se trata simplemente de quedarnos de brazos cruzados y esperar que Él nos lleve del Plan A al Plan B.

Por ejemplo, en un nivel muy mundano, usted está vestido hoy porque se puso sus ropas esta mañana. Está lleno porque no hace mucho que comió. Está limpio porque se dio un baño. Fue a trabajar porque le puso gasolina al tanque de su automóvil y se dirigió a su sitio de trabajo. Llegó a tiempo porque toma seriamente sus responsabilidades que son parte de su perfil laboral. De haberse usted quedado simplemente en cama, Dios no habría hecho ninguna de esas cosas por usted.

No podemos asumir una actitud indolente que diga: «Dios lo hace todo, y si Él quiere que esto se haga, Él tendrá que hacerlo.» Hay ocasiones, por supuesto, en las que llegamos a un punto y tenemos que decir: «Tengo ahora que dejar esto en las manos de Dios.» Pero esto es aceptar lo que Él quiere, en vez de lo que yo quiero.

Afirmamos en el capítulo anterior que obedecer la voluntad de Dios requiere fe y acción, lo que a su vez implica riesgo y renuncia. Es aquí donde el asunto se vuelve muy personal; es aquí donde perseveramos y nos rendimos totalmente a la voluntad de Dios.

He llegado a la siguiente conclusión: Hacer la voluntad de Dios es extraordinariamente fácil y sencillo, pero a la vez difícil y complicado. O, volviendo a mi expresión favorita, es *misterioso*. Puesto que no sabemos a donde Él nos está llevando, debemos doblegar nuestra voluntad a la suya, aunque a la mayoría de nosotros no nos gusta mucho doblegarnos. Preferiríamos, mucho más, resistirnos. Esa es la razón por la que la vida cristiana es a menudo una lucha. No estoy diciendo que sea un maratón constante de sufrimiento. Es simplemente una lucha entre nuestra voluntad y la voluntad de Dios. Algún día, cuando seamos arrebatados por el Señor en gloria, seremos por fin todas las cosas que hemos anhelado ser. Hasta que eso ocurra, viviremos en esta tensión interminable de toma y dale y de tira y encoge.

En la bifurcación de toda carretera necesitamos fe y acción para seguir la dirección de Dios. En eso consiste la crisis de confianza que mencioné al final del capítulo anterior. Es una crisis en la que tenemos que hacer una decisión. Es como esas señales de carreteras que dicen: «Autopista Garden Grove, Este, Oeste», con flechas que señalan los dos carriles de salidas. Usted va a toda velocidad a 100 Km por hora y de repente tiene que decidir: ¿Por dónde salgo? ¿Por el Este? ¿Por el Oeste? ¿Cuál será la salida? Solo una vía lo llevará a donde quiere ir. Por tanto, tiene que hacer una decisión. Puede tratar de ir en ambas direcciones, pero sufrirá un accidente.

Jonás experimentó esa clase de crisis de confianza cuando Dios le dijo que fuera a Nínive. Aunque era un profeta de Dios, sus prejuicios e intolerancia eran un estorbo para cumplir con la voluntad de Dios. Nínive era la capital de Asiria, y Jonás despreciaba a los ninivitas porque eran paganos y muy idólatras y violentos. «Ve y proclama mi mensaje allí», le dijo Dios a Jonás. Su mapa estaba claramente marcado; Dios le había dicho qué camino debía tomar. Pero Jonás tenía, sin embargo, que hacer una decisión: obedecer o no a Dios. Jonás pensó: «¡Ni pensarlo!» Y tomó el siguiente barco a Tarsis, que estaba en la dirección opuesta, que es en cierto modo como vivir en Texas e irse a Berlín pasando por Honolulu. (Tentador, ¿no le parece?)

Dios se negó a pasar por alto la desobediencia del profeta, por lo que puso unos cuantos obstáculos en el camino, tales como una tormenta violenta y una experiencia casi fatal en el vientre de un pez, pero le dio a Jonás otra oportunidad.

Jonás fue vomitado por el pez, y mientras estaba allí jadeando en la playa, Dios le repitió su voluntad: «Ve a Nínive.»

Otra persona que luchó con una crisis de confianza fue Sara, la esposa de Abraham. «Vas a tener un bebé», le prometió Dios. Pasaron muchos años, pero ella no concebía. Finalmente, decidió tomar el control de su propio destino y le dijo a Abraham: «Acuéstate con mi criada, Agar, y ten el niño con ella.» Esa fue una decisión estúpida. En vez de esperar el plan y el tiempo de Dios se precipitó y entró a Agar en la tienda de Abraham. Para complicar las cosas, Abraham cometió la tontería de cooperar. El resultado fue Ismael, y todos sabemos a lo que condujo eso. El conflicto que resultó entre los descendientes de Ismael y los descendientes de Isaac no ha hecho sino intensificarse con el paso de los siglos. En la actualidad, árabes y judíos siguen teniendo conflictos entre sí.

«Ir de donde usted se encuentra hasta donde está Dios requerirá grandes ajustes», escribe Henry Blackaby. «Estos ajustes pueden relacionarse con su manera de pensar, sus circunstancias, sus relaciones, sus lealtades, sus acciones y/o creencias.» A esta lista yo añadiría geografía, tanto física como espiritual, porque, como advierte Blackaby, «usted no puede seguir donde está, y andar con Dios al mismo tiempo.»[2]

Es en este punto que sentimos un poquito el apretón del tornillo, y donde empieza a surgir la desazón. *Bueno, ¿y qué de mi familia? ¿Qué de mi madre? Ella, en realidad, me necesita cerca.* O, *Por fin he conseguido una gran iglesia. No quiero irme de esta zona.*

Me recuerdo ahora de Tom y Sue Kimber, que fueron parte de nuestro ministerio *Visión para vivir* durante muchos años. Un verano decidieron participar en una breve pasantía en la China. Mientras estaban allí, comenzaron a preguntarse: *¿Es esto lo que Dios quiere que hagamos? ¿Es aquí donde Él quiere que estemos?* Ellos amaban el sur de California; allí estaba su familia y también su iglesia. Además de esto, no sabían ni una sola palabra del idioma chino. ¿Los estaba llamando Dios realmente a ellos y a su hijo, Thomas, a un lugar tan distante y a una cultura tan extraña?

Bien, para ir al grano, Dios lo hizo. Y es allí donde están hoy, viviendo en una cultura que les es totalmente extraña y tratando con personas que hablan un idioma diferente. Difícilmente puedo imaginar un ajuste tan grande para un matrimonio y su hijo. Pero, ¿saben una cosa? Lo están disfrutando de lo lindo. Por haber dado el giro correcto en la bifurcación del camino, con una excelente actitud, ellos deliberadamente renunciaron a todo, se arriesgaron, y continuaron con el plan y el proceso de Dios para sus vidas.

Es posible que usted se esté preguntando cómo pudieron hacerlo. La respuesta es fácil... pero difícil de aplicar: Es aquí donde la fe entra en la ecuación. «Y sin fe es imposible agradar a Dios, porque es necesario que el que se acerca a Dios crea que él existe y que es galardonador de los que le buscan» (Hebreos 11.6).

Fe es creer que Dios es quién Él dice ser, y que Él hará lo que dice que hará. Fe es obedecer al Señor cuando no estoy seguro de los resultados. Fe es confiar en Él cuando todo mi ser clama por una prueba visible: «Demuéstremelo. Deme la evidencia. Lo quiero en un tubo de ensayo. Póngalo bajo un microscopio. Pruebe esto. Necesito tener todas las evidencias. Cuando las tenga, seguiré con el plan.»

Dios quiere que caminemos por fe, no por vista. Pero nosotros solo nos sentimos cómodos cuando podemos ver lo que hay delante, lo que hay detrás, y lo que hay a nuestro alrededor. Queremos pruebas. Queremos garantías. Preferimos mucho más la vista a la fe. La fe extrema le produce sarpullido a la mayoría de los cristianos.

Preferimos la conversación a la acción. Podemos hablar de la voluntad de Dios durante horas, con tal de que no tengamos que hacerla. Admitámoslo o no, secretamente nos aferramos a lo familiar, a lo cual no estamos dispuestos a renunciar. Nos gusta lo seguro antes que lo riesgoso. Pero Dios dice: «Si vas a agradarme, tendrás que creer mi Palabra. Tendrás que creer que yo soy quien dice ser, y que haré lo que digo que haré.» ¡Pero esas palabras, sencillamente, nos producen náuseas!

Rara vez leemos la palabra «imposible» en la Biblia. Pero aquí dice el Señor: «Sin fe, es imposible agradar a Dios.»

A Dios le encanta que confiemos en Él sin necesidad de tener una vista panorámica delante de nosotros. Pero confiar en Él no es ninguna garantía de holgura y prosperidad. Vivir de acuerdo con la voluntad de Dios puede ser difícil y complicado. A veces, literalmente no logramos comprender lo que Dios se propone hacer; pero sí sabemos que permanecer donde estamos no es su plan. Es una situación difícil, porque sabemos que Él se propone algo, que nosotros queremos ser parte del plan, pero nos encontramos intranquilos, tratando de entender lo que Él intenta hacer. Hemos vuelto, entonces, al misterio de la voluntad de Dios.

Afortunadamente, Dios nos ha dado muchos ejemplos de hombres y mujeres que vivieron por fe, no por vista. Ellos son modelos históricos de fe y acción, de renuncia y de riesgo. Ellos también nos preparan para enfrentar algunas de las dificultades que encontraremos cuando nos rindamos totalmente a la voluntad de Dios en nuestra vida.

HACER LA VOLUNTAD DE DIOS PUEDE IRRITAR A ALGUNAS PERSONAS

Hebreos 11, conocido a veces como la lista de los héroes de la fe, registra por lo menos a doce hombres que son modelo de fe y acción, renuncia y riesgo. Me gustaría considerar a cuatro de ellos que ofrecen ejemplos reales de personas que hicieron la voluntad de Dios por fe, pero que descubrieron que no era fácil, cómodo, ni sencillo. El primero es Abel.

Por la fe Abel ofreció a Dios un sacrificio superior al de Caín. Por ella recibió testimonio de ser justo, pues Dios dio testimonio al aceptar sus ofrendas. Y por medio de la fe, aunque murió, habla todavía (Hebreos 11.4).

Caín y Abel eran hijos de Adán y Eva. Abel era pastor, y Caín agricultor. Ambos presentaron sus ofrendas a Dios. Caín trajo una parte de sus cosechas, pero Abel trajo lo mejor de sus rebaños. Un comentarista dice: «El contraste no está entre una ofrenda de vida vegetal y una ofrenda de vida animal, sino entre una ofrenda indiferente y negligente y una ofrenda escogida y generosa. La motivación y la actitud del corazón son importantísimas, y Dios miró con agrado a Abel y su ofrenda a causa de la fe de Abel.»[3]

Furioso porque Dios había aceptado la ofrenda de su hermano y no la suya, Caín asesinó violentamente a su hermano Abel.

A veces, cuando usted hace la voluntad de Dios, irritará o enojará a su familia. Esto puede resultar en una gran presión, en una relación tensa, en palabras airadas y quizás hasta en reacciones hostiles en contra de usted. Pero recuerde que usted no está en esta tierra como un hijo de Dios para complacer a los miembros de su familia.

Debo añadir, sin embargo, que no estamos aquí para poner nerviosos deliberadamente a los miembros de nuestra familia. La motivación tiene que ser aquí la rueda compensadora. Pero al considerar ambos, queremos estar tan consagrados a nuestro Padre celestial que sabemos claramente y sin ninguna duda cuál es su plan. Nosotros no estamos aquí específicamente para complacer a nuestros hijos ni a nuestras hijas, tampoco a nuestras madres ni a nuestros padres, ya que a veces nuestra familia puede estar equivocada.

Conozco esto por experiencia personal. Por más de cuarenta y cinco años mis padres no estuvieron convencidos de que Cynthia era la mejor pareja para mí. Eran sinceros... pero en este caso estaban equivocados. De haberlos escuchado, no me habría casado con la mujer que debía casarme. (Recientemente celebramos nuestro cuarenta y cuatro aniversario de matrimonio, ¡y este sigue andando!)

Ahora bien, si ellos son creyentes y están andando con el Señor, los padres son por lo general buenos consejeros en la mayoría de las cosas, pero no son infalibles. Los padres pueden, a veces, ser cortos de vista y egoístas. Esto también es cierto respecto a otros miembros de la familia, y a veces nuestra familia inmediata representa la parte más difícil de su obediencia a la voluntad de Dios. Hasta pueden volverse resentidos o airarse cuando no están de acuerdo con las decisiones que usted haga en su vida. Pero cuando se produce una crisis de confianza, deben prevalecer la fe y la obediencia, y se le demandará renuncia y riesgo. Ante todo, debemos hacer la voluntad de Dios. Esa es la primera lección de la primera materia de la carrera de la obediencia.

Padres, aquí hay una palabra directa para ustedes en este punto. Tenemos dos tareas principales como padres: (1) criar bien a nuestros hijos y (2) dejarlos totalmente en libertad. Los hijos no necesitan nuestra constante supervisión o consejo cuando ya son adultos. Cynthia y yo tuvimos que pagar un alto precio para poder aprender que nuestros hijos adultos reciben mejor nuestros consejos cuando nos los piden. A veces, damos consejos cuando nadie nos los está pidiendo, y respuestas a preguntas cuando nadie las está pidiendo. Así que ahora, simplemente esperamos que nos pregunten. A veces lo hacen, pero muchas veces no. Eso forma parte de nuestro papel de padres y, admitámoslo, eso es algo difícil porque no importa lo adultos que sean nuestros hijos uno nunca deja de preocuparse por ellos, especialmente cuando pensamos que están haciendo una decisión equivocada. Pero, una vez más, fe y no vista es lo que funciona aquí. Así que, simplemente entregue sus hijos al Señor y descanse en la confianza de que Él está desarrollando su plan para sus vidas, así como también está desarrollando su plan para la suya.

HACER LA VOLUNTAD DE DIOS PUEDE CONDUCIRLE A UN FINAL SORPRESIVO

Enoc es el siguiente ejemplo de fe. El autor de Hebreos dice de él: «Por la fe Enoc fue trasladado para no ver la muerte *y no fue hallado, porque Dios le había trasladado.* Antes de su traslado, recibió testimonio de haber agradado a Dios» (Hebreos 11.5).

EL MISTERIO DE LA VOLUNTAD DE DIOS

En Génesis 5 vemos que cuando Enoc tenía sesenta y cinco años de edad, tuvo un hijo, Matusalén. Y a partir de entonces Enoc «caminó con Dios.» Anduvo con Dios durante trescientos años, y luego «desapareció, porque Dios lo llevó consigo.» Inesperadamente, el hombre fue llevado a la presencia de Dios sin experimentar la muerte. Ahora bien, trescientos sesenta y cinco años pueden no parecernos una muerte prematura, pero en comparación con la duración del tiempo que la gente vivía en aquellos días (Matusalén, el hijo de Enoc vivió novecientos sesenta y nueve años), Enoc era un hombre joven cuando Dios se lo llevó.

A veces, una vida admirable de obediencia es acentuada por una muerte prematura. A mediados de la década de 1950, cinco jóvenes sintieron que Dios los estaba dirigiendo a evangelizar a los indios aucas del Ecuador. Jim Elliot, Nate Saint, Roger Youderian, Ed McCully y Peter Fleming comenzaron esta misión para llevar las buenas nuevas de salvación a esta hostil tribu de cazadores de cabezas. Los cinco hombres fueron encontrados en el río Curaray o cerca de este con flechas en sus cuerpos. A poca distancia estaba su avioneta destruida, como un gran pájaro que había invadido el territorio enemigo y amenazado esta tribu. Los aucas no comprendieron que estos hombres no significaban un peligro para ellos, ni que habían asesinado a cinco hombres piadosos. Posteriormente, Elisabeth Elliott, la viuda de Jim Elliott, junto con su joven hija y Rachel Saint, hermana del piloto, Nate Saint, regresaron a este lugar lleno de horribles recuerdos para ellas y condujeron al Señor a las mismas personas que habían asesinado a sus seres amados.

En enero de 1958, yo era un joven infante de marina, resentido y desilusionado porque tenía que marcharme al extranjero. Me encontraba visitando a mi hermano Orville en Pasadena, California, y mientras me preparaba para regresar al Campamento Pendleton, justo antes de abordar el buque transporte, Orville me dijo:

—Charles, este es un libro que quiero que leas.

—No estoy interesado en leer —le dije.

—No te pregunté si estabas interesado en leer. Quiero que leas este libro.

—Yo no voy a leer ningún libro.

Él lo metió en mi mochila y me dijo:

—Una vez que comiences a leerlo, no podrás dejarlo.

Más tarde me encontraba en el autobús, mirando a través de la ventana salpicada por la lluvia en ese frío y húmedo día de enero. Estaba triste, desilusionado, decepcionado y un poco desalentado de la vida. La Infantería de Marina no permitía que las esposas acompañaran a sus esposos al extranjero, por lo que Cynthia tuvo que quedarse en Houston. ¿Cómo podía Dios permitir que mi esposa y yo fuéramos separados de esa manera? Al apartar mi mirada de tan deprimente escenario tratando de rechazar mis tristes pensamientos, saqué el libro que mi hermano me había dado.

El libro se titulaba *Through Gates of Splendor* [Por las puertas de esplendor] y la autora era Elisabeth Elliot. En este libro, ella contaba la historia de esos cinco hombres y su llamamiento a los aucas. Leer ese libro transformó por completo mi manera de pensar. Mi hermano tenía razón; no pude dejar su lectura. Cuando regresé al Campamento Pendleton, me senté en la sala de los hombres para seguir leyendo, ya que era el único lugar en esa base que tenía luces durante la noche. Estuve allí toda la noche leyendo hasta que terminé el libro. Estando en el buque transporte, diecisiete días en el mar, lo volví a leer, y mientras estuvimos apostados en Okinawa lo leí por tercera vez.

Con el paso de los años, he tenido el privilegio de conocer a la mayoría de las viudas de esos hombres y escuchar de ellas la historia con lágrimas en sus ojos. Le dije a Elisabeth Elliot que fue ese libro, y el testimonio de esos hombres, lo que Dios utilizó para dirigir mi corazón al pastorado y las misiones. ¡Quién sabe cuanto otras decenas de miles han sido influenciados por las vidas de esos cinco jóvenes cuya fe era tan profunda que anduvieron con Dios hasta que Él dijo: «¡Vengan a mí, al hogar celestial, ahora mismo!»

Al pensar en esto, me recuerdo de otro joven, Kris Boring,

quien se graduó como uno de nuestros mejores estudiantes del seminario de Dallas. Kris había sido el orador del acto de graduación y despedida de su clase de secundaria, el primero de su clase en la universidad, y un excelente estudiante en el seminario. En mayo de 1997, le entregué su grado de Maestría en Teología en el acto de graduación. Kris y su novia, pensando que el plan de Dios para ellos era que sirvieran en el campo misionero, fueron juntos a investigar la posibilidad de trabajar en cierto ministerio. Mientras estaban allí, Kris contrajo un virus y en dos semanas y media había muerto. Kris tenía 28 años de edad.

Recuerdo que me dijo después de la graduación: «No aguanto las ganas. Ahora ya puedo comenzar a trabajar. Estoy preparado del todo.» Y repentinamente... misteriosamente, Dios se lo llevó.

¡Quién sabe cuantas personas, gracias a la prematura muerte de Kris Boring, tomarán conciencia de pronto del plan de Dios para ellas! No lo sé. No puedo explicar cosas como esa. Es otro misterio. Pero los Enoc modernos como Jim Elliot y Kris Boring aún caminan con Dios, y Dios se los lleva para *sus* propósitos.

A veces la vida de obediencia de una persona es acentuada por una muerte prematura. Recuerde esto cuando la muerte le toque de cerca, porque le ayudará a resistir las preguntas «¿Por qué?» y «¿Cómo pudiste permitir esto, Señor?»

Mientras asistía al servicio conmemorativo en honor a Kris, escuché a un estudiante tras otro decir que la muerte de este joven les había confirmado la importancia de servir a Cristo con una devoción aún mayor. ¿Quién sabe si habrían visto la voluntad de Dios tan claramente si Kris no hubiera muerto? Todo lo que sé es que «estimada es en los ojos de Jehovah la muerte de sus fieles» (Salmo 116.15).

HACER LA VOLUNTAD DE DIOS PUEDE SIGNIFICAR PERSECUCIÓN

Nuestro siguiente modelo de fe y acción, renuncia y riesgo, es Noé.

> Por la fe Noé, habiendo sido advertido por revelación acerca de cosas que aún no habían sido vistas, movido por temor reverente, preparó el arca para la salvación de su familia. Por la fe él condenó al mundo y llegó a ser heredero de la justicia que es según la fe (Hebreos 11.7).

Noé no fue solo el fabricante de un arca. Fue también, antes del diluvio, «heraldo de justicia» (2 Pedro 2.5) y un hombre que «halló gracia ante los ojos de Jehovah» (Génesis 6.8).

Entre el momento que Dios le dijo a Noé que habría un diluvio y las primeras gotas de lluvia, transcurrieron 120 años. Así pues, durante casi un siglo y cuarto (un tiempo mayor que el que viviremos la mayoría de nosotros) Noé estuvo construyendo el arca y haciendo preparativos para el juicio de Dios.

> Jehovah vio que la maldad del hombre era mucha en la tierra, y que toda la tendencia de los pensamientos de su corazón era de continuo sólo al mal (Génesis 6.5).

Pero Noé era diferente; era sensible a Dios; escuchaba el mensaje de Dios y Él le comunicó a Noé su plan: iba a destruir al mundo con un diluvio. Así que, durante 120 años, por fe, Noé siguió la dirección del Señor. Juntó los materiales y construyó el arca, siendo probablemente ridiculizado por todos los que observaban lo que hacía. Después de todo, se trataba de un mundo que jamás había conocido la lluvia ya que la tierra era regada desde abajo. Y mientras Noé construía el arca, les predicaba el bien a los que lo rodeaban. «Vendrá un diluvio, vendrá un juicio.» Rodeado y escarnecido por sus depravados, corrompidos y malvados contemporáneos, este heraldo de justicia se levantó, por fe, contra la corriente de su cultura. A veces nuestra fe es una censura tan grande a nuestros semejantes que sufrimos persecución por causa de ella. Y le doy esta sencilla advertencia sin cargo extra: No espere mucha aprobación y aceptación solo porque ha decidido caminar por fe. La historia esta repleta de ejemplos en este sentido.

Allá por el siglo XIV, hubo en la Universidad de Oxford un distinguido profesor de teología quien, a causa de su fe, fue estigmatizado como «instrumento del diablo... el autor del cisma.» Este hombre prácticamente fue exiliado por una hipócrita alianza entre las autoridades de la iglesia y del estado, en la Iglesia Católica Romana, a instancias del Papa. Me estoy refiriendo, por supuesto, a Juan Wycliffe, el otrora orgullo de la Universidad de Oxford, el erudito más grande de su tiempo (en opinión de más de un biógrafo), y sin lugar a dudas el predicador más influyente de Inglaterra en ese tiempo. Sin embargo, él no podía seguir por más tiempo en su torre de marfil académica sabiendo que el papado estaba corrompido y que la gente vivía en la ignorancia por no tener una Biblia en su propio idioma.

Esto es algo que no logramos comprender. Los estantes de nuestras bibliotecas están hoy llenos de una multitud de versiones y paráfrasis de la Biblia en nuestro propio idioma e incontables otros, y en todos los tamaños y formatos y tipos de letras. Pero en aquellos días no había ni siguiera un ejemplar de la Biblia en inglés. Solo se encontraba en la lengua de los clérigos, el latín, y los ejemplares que había estaban encadenados a los púlpitos de las catedrales. De modo que, por no poder leer la Palabra de Dios por sí mismos, las personas estaban a merced de los líderes de la iglesia, quienes muchas veces se valían de la ignorancia del pueblo para manipularlo.

Wycliffe dijo: «Esto no está bien. La gente debe ser capaz de leer la Biblia en su propia lengua.» Y al igual que Noé, quien fue escarnecido y ridiculizado por la gente mientras ponía los clavos en el arca, Wycliffe comenzó la tarea de traducir las Escrituras rodeado de un diluvio de persecución. Fue tildado de hereje públicamente. Cuando finalmente terminó la traducción de las

Escrituras, escribió estas palabras en el interior de la cubierta del primer ejemplar de la Biblia inglesa: «Esta Biblia que ha sido traducida hará posible un gobierno del pueblo, por el pueblo y para el pueblo.»[4] (Quinientos años después, el decimosexto presidente de los Estados Unidos, Abraham Lincoln, utilizaría esas mismas palabras en su gran Discurso de Gettysburg.)

Treinta años después de su muerte, Wycliffe fue declarado otra vez hereje, por lo que su cuerpo fue exhumado, sus huesos quemados y reducidos al polvo, y sus cenizas lanzadas en un río. Un historiador contemporáneo describe así la escena:

> Quemaron sus huesos, los redujeron a cenizas y los lanzaron al Swift, un arroyo que pasaba cerca. De esta manera, este arroyuelo llevó sus cenizas al (río) Avon, el Avon al Severno, el Severno a los estrechos mares, y estos al gran océano. Así, las cenizas de Wycliffe son el emblema de sus convicciones, que ahora están dispersas por todo el mundo.[5]

Con una vena poética parecida, Harry Emerson Fosdick escribe estas elocuentes palabras: «Sus enemigos, que pensaban que habían terminado con él, no previeron el veredicto de la historia: "El río Avon hacia el Severno corre, / y el Severno desemboca en el mar; / Las cenizas de Wycliffe al mundo llegarán / Llevadas por las aguas del piélago colosal".»[6]

Es posible que ahora mismo su vida de fe, en medio de una cultura contemporánea de depravación, no parezca tan significativa. El vivir la fe cristiana en la oficina, en la universidad o en la escuela secundaria puede hacernos sentir muy solitarios; el andar por fe y honrar al Señor en la fábrica, en la profesión o en los cuarteles puede parecer insignificante a veces. En realidad, en todos los años de su vida es posible que usted jamás llegue a saber lo importante que fue para el mundo su andar en fe. Pero Dios lo usará en su plan especial para su vida, así como lo hizo con Juan Wycliffe y con innumerables otros.

Estuve en el castillo donde Lutero se escondió mientras traducía la Biblia al alemán del pueblo. Miré por su ventana y pensé en Lutero mientras él estaba en esa misma habitación, cumpliendo fielmente con su tarea, sabiendo que si los líderes de la iglesia lo descubrían sería hombre muerto. Wycliffe, Lutero, Calvino, Savonarola, Knox, Wesley, Whitefield, Edwards... la lista de hombres como ellos sigue hasta el día de hoy. El mundo se burló de ellos, pero Dios los honró. Y eso sigue ocurriendo todavía.

Solo porque algo es la voluntad de Dios no significa que la gente lo entenderá. Por el contrario, la mayoría jamás lo entiende. Pero eso es parte del misterio. La fe lleva a la acción, y ella exige renuncia y riesgo.

HACER LA VOLUNTAD DE DIOS SIGNIFICA DEJAR LO FAMILIAR POR LO DESCONOCIDO

Pocas personas tipifican «dejar lo familiar» mejor que Abraham.

> Por la fe Abraham, cuando fue llamado, obedeció para salir al lugar que había de recibir por herencia; y salió sin saber a dónde iba. Por la fe habitó como extranjero en la tierra prometida como en tierra ajena, viviendo en tiendas con Isaac y Jacob, los coherederos de la misma promesa; porque esperaba la ciudad que tiene cimientos, cuyo arquitecto y constructor es Dios (Hebreos 11.8-10).

Abraham había vivido toda su vida en Ur de los caldeos, al igual que su padre antes de él. De modo que tenía raíces largas y profundas en ese lugar. Después, cuando tenía setenta y cinco años de edad (¡nada menos!), Dios le dijo a Abraham que se marchara de su tierra para ir «a la tierra que te mostraré» (Génesis 12.1).

Allí está Abraham, envejeciendo, y junto a él su esposa Sara que es solo diez años más joven, en la comodidad de su hogar. Pero, de repente, Dios se les presenta e invade su nido, y les manifiesta claramente su voluntad: «¡Váyanse de aquí!»

Imaginemos lo que fue esa escena. Abraham y Sara no tienen hijos, pero sí muchos parientes y amigos. Un buen día Abraham les anuncia a todos ellos:

—¡Nos marchamos!

—¿A la edad que ahora tienen? —les dicen—. ¿Por qué van a hacer una cosa así?

—Bueno, porque Dios nos lo ordenó.

—Está bien. Pero, ¿a dónde irán?

—Bueno, Él no nos ha dicho eso. (Imaginen la reacción de la gente.)

De modo que cargan los camellos y ponen todas sus pertenencias en carretones, y se marchan de Ur. El relato bíblico dice bien claro que Abraham «salió sin saber a dónde iba» (Hebreos 11.8).

Abraham era un hombre relativamente rico, y ahora se encuentra habitando una tienda, y viviendo como un extranjero, «porque esperaba la ciudad que tiene cimientos, cuyo arquitecto y constructor es Dios» (Hebreos 11.10). (¡Me encanta esa descripción!)

Pero, de repente, sin ningún detalle previo, Dios le dice: «¡Márchate, y yo te diré después a donde irás!» Abraham obedeció y se marchó «sin saber a dónde iba.» Eso sí que es renunciar y arriesgarse.

Esto me recuerda el comentario de John Henry Jowett: «El ministerio que no cuesta nada tampoco logra nada.»[7] Recuerdo esto en estos tiempos de gracia barata. De verdad, le recomiendo que memorice estas palabras: «El ministerio que no cuesta nada tampoco logra nada.»

Abraham pagó el precio, renunciando a lo cómodo y familiar, a fin de hacer la voluntad de Dios. Este es un ejemplo clásico en cuanto a la crisis de confianza y a la necesidad de hacer ajustes drásticos, así como de fe y acción, y de renuncia y riesgo.

Descubrir y luego obedecer la voluntad de Dios puede exigir que usted abandone lo familiar y lo cómodo.

En el libro *Walking with the Giants* [Marchando con los gigantes] de mi amigo Warren Wiersbe, uno de los gigantes acerca

de los que escribe es Hudson Taylor, otro de nuestros héroes de
la fe:

El moderador de una iglesia presbiteriana de Melbourne,
Australia, se valió de toda su elocuencia para presentar al
orador, un misionero que estaba de visita, a quien finalmente presentó a la congregación como «nuestro ilustre
huésped.» Pero el moderador no estaba preparado para
escuchar las primeras palabras de James Hudson Taylor:
«Queridos hermanos, no soy más que el insignificante
esclavo de un ilustre Dueño.»

Más o menos veinte años antes, Hudson Taylor había escrito en un editorial: «Todos los gigantes de Dios
han sido hombres débiles que hicieron grandes cosas
para Dios porque reconocieron que Él estaba con ellos.»
Al verse a sí mismo, Hudson Taylor no vio sino debilidad; pero a medida que generaciones de cristianos han
estudiado la vida de Taylor, han llegado a conocer a un
hombre que se atrevió a creer la Palabra de Dios y, por
fe, a llevar el evangelio al interior de la China, ¡por lo que
vio a Dios hacer maravillas.[8]

«La falta de confianza», dijo Hudson Taylor, «es la raíz de
casi todos nuestros pecados y de todas nuestras debilidades.»
Este hombre tenía treinta y tres años de edad cuando fundó
la Misión al Interior de la China, el 27 de junio de 1865, y al hacerlo fue el primero que llevó el evangelio a esa tierra. Dejó su
hogar en Inglaterra, lo familiar y lo cómodo, para andar con Dios
como un extranjero en una tierra que Dios había puesto en su
corazón.

El descubrir y someterse a la voluntad de Dios nos llevará,
invariablemente, a una crisis de confianza, y eso nos conducirá,
por fuerza, a la fe y a la acción.

El obedecer y deleitarse en la voluntad de Dios nos llevará a
hacer grandes ajustes, y eso exige de nosotros renuncia y riesgo,
renuncia a lo familiar y a arriesgarnos a cualquier cosa que el fu-

turo pueda traer. Ese es el resultado final de ver materializada en nosotros la voluntad de Dios.

Cuanto más tiempo andemos con el Señor, más cuenta nos daremos de que realmente no sabemos qué cosas nos traerá el nuevo día. A media noche puede llegar una llamada telefónica que destrozará nuestra felicidad, y todo cambiará de repente. Es increíble lo que puede significar una llamada a la puerta, o lo que puede ocasionar el abrir una carta.

No le estoy diciendo estas cosas para poner temor en su corazón, sino simplemente para que recordemos que solo Dios conoce nuestro futuro. Y también para que no olvidemos que no hay nada más seguro o mejor, nada más gratificador, que estar en el centro de la voluntad del Señor, no importa dónde o cómo sea.

A pesar de todas nuestras luchas, hay algo dentro de nosotros, en lo más profundo de nuestro corazón redimido, que desea vehementemente ver la sonrisa del Señor, tener su recompensa, y conocer el gozo de la obediencia perfecta. Nada se puede comparar con esto. No hay salario que lo ofrezca, ni dinero que pueda comprarlo, ni posesión que pueda sustituirlo... El solo saber que hemos agradado a nuestro Padre será suficiente.

Dios no está corriendo a nuestro alrededor, escondiéndose, burlándose o deleitándose viéndonos cómo nos retorcemos de dolor y sufrimiento en una mazmorra de confusión. Su voluntad para nosotros se manifiesta de diversas maneras y con mucha claridad a medida que pasamos por este proceso que hemos estado considerando. Pero tenemos indefectiblemente que andar por fe, lo cual significa hacer su voluntad a pesar de que las circunstancias puedan parecernos insuperables.

No somos más que seres humanos finitos. Solo podemos ver el presente y el pasado. El futuro nos resulta algo aterrador. Por tanto, necesitamos aferrarnos de la mano del Señor y confiar en que Él calmará nuestros temores. En esos momentos en que somos testarudos y negativos, en los que Dios nos sacude por los hombros para que le prestemos atención, Él nos recuerda que no somos nosotros quienes decidimos las cosas, sino que Dios tiene un plan para nosotros, por más misterioso que pueda parecer, y nosotros queremos estar en el centro de ese plan.

A pesar de todos los riesgos, eso es lo más seguro que puede haber en este mundo.

5

Otro misterio profundo: La soberanía de Dios

Aprendamos, entonces, la regla y el orden que Dios suele
utilizar en el gobierno de los santos. Yo, también, con
mucha frecuencia he tratado de prescribir ciertos métodos
creyendo que son los que Dios utilizaría en la administración
de la Iglesia o de otros asuntos. Ah, Señor, dije, cómo me
gustaría hacer las cosas de esta manera, con este orden y
con este resultado ... Pero Dios hizo exactamente lo
contrario a lo que yo le había pedido.

—Martín Lutero, en *What Luther Says* [Lo que dice Lutero]

De muchas maneras, usted sigue deseando hacer sus propios planes. Actúa como si tuviera que escoger entre muchas cosas, todas las cuales le parecen igualmente importantes. Pero no se ha rendido totalmente a la guía de Dios. Sigue luchando con Dios en cuanto a quién tiene el control.

—Henri Nouwen, en *The Inner Voice of Love*
[La voz interior del amor]

¡Ególatra infantil, el control es una ilusión!
Nadie controla nada.

—Nicole Kidman a Tom Cruise en Days of Thunder
[Días de fragor]

Capítulo cinco

Otro misterio profundo: La soberanía de Dios

MI VIDA FUE TRANSFORMADA en el verano de 1961. En ese tiempo ya era cristiano; en realidad, estaba entre mi segundo y tercer año en el seminario, inmerso profundamente en mis estudios teológicos. Ese verano había sido invitado a hacer una pasantía en una iglesia del norte de California, en la Iglesia Bíblica Península, lo cual hice, junto con otro joven llamado Gib Martin. Durante ese período de tres meses, Gib, que todavía estaba soltero, vivió en la misma casa con Cynthia y conmigo.

Durante esos días, yo estaba luchando con algunas de las verdades más profundas de la Palabra de Dios. Cuando uno está haciendo estudios de posgrado y un trabajo intenso con el texto bíblico, tiene que luchar con ciertas verdades y llegar a un acuerdo con ellas. Uno no puede dejarlas en el terreno «dudoso.» En ese momento una de mis grandes batallas era el asunto de la soberanía de Dios.

Francamente hablando, esta doctrina me aterrorizaba. En el seminario había visto que buenos amigos míos habían llevado la soberanía de Dios a extremos tan ridículos que, en mi opinión, habían perdido el equilibrio... y eran casi unos herejes.

A un nivel práctico, yo estaba tratando de resolver varios problemas en mi vida que parecían guardar relación entre sí. Cynthia y yo no estábamos seguros de nuestro futuro. Habíamos estado casados por más de seis años, y si bien nuestro matrimonio no era frágil, tampoco era todo lo sólido que necesitaba ser. Ella llevaba nuestro primer hijo en su vientre, lo cual hacía que ambos nos sintiéramos algo ansiosos en cuanto a la paternidad. Ninguno de nosotros procedía de hogares modelos en cuanto a paternidad que pudiéramos imitar. Fueron buenos hogares y habíamos sido amados, pero en ellos fue muy deficiente el proceso de la paternidad, al menos desde nuestro punto de vista.

Todo esto, así como otros problemas más, me preocupaban. Así que decidí ese verano escudriñar un libro de la Biblia, idealmente uno que tuviera más o menos doce capítulos, de manera que coincidieran con las doce semanas que estaría ausente del seminario. Escogí el libro de Daniel. Yo nunca había estudiado seriamente ese libro, por lo que decidí pasar una gran parte del tiempo de mi devocional matutino estudiando el capítulo correspondiente a cada semana. Fue en nuestra cuarta semana en la Iglesia Bíblica Península de Palo Alto, California, cuando estaba en el cuarto capítulo de Daniel, que descubrí la verdad que transformó mi manera de pensar y, en realidad, lo que transformó mi vida.

Para familiarizarlo un poco con el asunto, Daniel 4 comienza con un diálogo y termina con un monólogo. El capítulo gira en torno a un sueño. Nabucodonosor, el rey de Babilonia, tuvo un sueño que lo turbó. Ninguno de sus sabios pudo interpretárselo por lo que terminó consultando a un profeta judío llamado Daniel. Éste no solo interpretó el sueño, sino que también exhortó al rey.

Nabucodonosor era un hombre soberbio y un gobernante autoritario. Lo único que él tenía que hacer era inclinar su dedo pulgar y la vida de Daniel hubiera pasado a ser historia. Nabucodonosor era el soberano de Babilonia, humanamente hablando, pero Daniel tuvo la divina valentía de confrontarlo cara a cara, como lo haría todo profeta verdadero, y le dijo la verdad. Al interpretar el sueño, desafió a Nabucodonosor a hacer algo en cuanto a la verdad que el sueño representaba.

Ésta es, oh rey, la interpretación: Es un decreto del Altísimo que ha caído sobre mi señor el rey. A ti te echarán de entre los hombres, y junto con los animales del campo estará tu morada. Te darán de comer hierba, como a los bueyes, y serás mojado con el rocío del cielo. Siete tiempos pasarán sobre ti, hasta que reconozcas que el Altísimo es Señor del reino de los hombres y que lo da a quien quiere. Y lo que dijeron, que dejasen en la tierra el tronco de las raíces del árbol, significa que tu reino continuará firme después que tú reconozcas que el señorío es de los cielos. Por tanto, oh rey, que te sea grato mi consejo, y rompe con tus pecados mediante la práctica de la justicia, y con tus iniquidades mediante obras de misericordia para con los pobres. Tal vez esto resulte en la prolongación de tu tranquilidad. Todo aquello le sobrevino al rey Nabucodonosor (Daniel 4.24-28).

Cuando leo estas palabras y pienso en aquella mañana de verano en Palo Alto, todavía siento un escalofrío que me recorre la espalda. Recuerdo, como si fuera ayer, que tomé un lápiz de mi escritorio y subrayé dos líneas que son casi idénticas: en el versículo 25, «hasta que reconozcas», y en el versículo 26, «después que tú reconozcas.»

Lo que Daniel está diciendo, en esencia, es lo siguiente: «Todo esto te sucederá, Nabucodonosor, *hasta* que reconozcas que no eres el soberano de tu vida, *hasta* que reconozcas que el Altísimo es el gobernante. Y las cosas no cambiarán sino *después* que reconozcas que es el cielo quien gobierna.»

Reconocer. La palabra que aquí se traduce del hebreo significa «conocer.» Tal vez «aceptar» sea una mejor traducción que la palabra «reconocer», por lo que pudiéramos leer «hasta que aceptes.»

Uno puede reconocer algo, sin tener que involucrarse. Pero usted no puede realmente reconocer algo sin que de cierto modo se involucre y lo acepte (e incluso lo abrace). Yo pienso que eso es lo que Daniel tiene en mente. «Nabucodonosor, hasta que abraces la verdad de que tú no eres soberano, sino Dios... que no eres tú quien gobierna tu vida, sino Dios, no te verás libre de esta insana experiencia.

Haga una pausa y piense un momento en la palabra «soberanía.» Nabucodonosor conducía su vida como si reinara sobre ella, así como regía su reino. Entonces Daniel entra en escena y le dice: «Dios te ha dado este sueño para que sepas que hay otra manera de ver la vida: el eterno Dios del cielo, tu creador, no solo te ha creado y te da el aire que respiras, sino que también *reina* sobre ti.» Esto, para Nabucodonosor, debió ser una píldora difícil de tragar.

Observemos ahora las primeras tres palabras del versículo que sigue:

Al final de doce meses, mientras se paseaba por la terraza del palacio real de Babilonia (Daniel 4.29).

«Al final de doce meses.» Había transcurrido todo un año durante el cual Dios pacientemente le había permitido a Nabucodonosor que esa verdad le penetrara la mente. «¿Soy yo quien reina sobre mi vida o es el Creador? ¿Soy yo el soberano, o es Él? ¿Es Él quien tiene el control? ¿Se está cumpliendo su voluntad? ¿O soy yo quien tiene el control y estoy haciendo mi voluntad?»

Bueno, la respuesta la tiene Nabucodonosor en los versículos siguientes:

Dijo el rey: ¿No es ésta la gran Babilonia que yo edifiqué como residencia real, con la fuerza de mi poder y para la gloria de mi majestad? Aún estaba la palabra en la boca del rey, cuando descendió una voz del cielo: A ti se te dice, oh rey Nabucodonosor, que el reino ha sido quitado de ti. Te echarán de entre los hombres, y junto con los animales del campo será tu morada. Te darán de comer hierba como a los bueyes. Siete tiempos pasarán sobre ti, hasta que reconozcas que el Altísimo es Señor del reino de los hombres y que lo da a quien quiere. En la

misma hora se cumplió la palabra acerca de Nabucodonosor, y fue echado de entre los hombres. Comía hierba
como los bueyes, y su cuerpo era mojado con el rocío del
cielo, hasta que su pelo creció como plumas de águilas y
sus uñas como las de las aves (Daniel 4.30-33).

Nabucodonosor se volvió loco de remate y literalmente estuvo viviendo en el campo. Este otrora altivo soberano de la tierra vivió en el desierto como una bestia, totalmente aislado del
mundo de la lógica y de la razón.

Pero la historia no ha terminado. Es aquí donde el diálogo
entre Daniel y el rey se convierte en un monólogo. Yo pienso
que Daniel le dio a Nabucodonosor su pluma y le dijo: «Aquí tienes. Escribe el resto de esta historia.»

Pero al cabo de los días, yo, Nabucodonosor, alcé mis
ojos al cielo; y me fue devuelta la razón. Entonces bendi-
je al Altísimo; alabé y glorifiqué al que vive por siempre.
Porque su señorío es eterno, y su reino de generación en
generación. Todos los habitantes de la tierra son consi-
derados como nada. Él hace según su voluntad con el
ejército del cielo y con los habitantes de la tierra. No hay
quien detenga su mano ni quien le diga: ¿Qué haces? En
el mismo tiempo me fue devuelta la razón, y mi dignidad
y mi esplendor volvieron a mí para gloria de mi reino.
Mis altos oficiales y mis nobles me buscaron. Yo fui res-
tituido a mi reino, y me fue añadida aun mayor grandeza.
Ahora, yo, Nabucodonosor, alabo, exalto y glorifico al
Rey de los cielos, porque todas sus obras son verdad y
sus caminos son justicia. Él puede humillar a los que andan con soberbia (Daniel 4.34-37).

Recuerdo claramente aquella mañana en Palo Alto cuando
puse un círculo alrededor de seis frases en estos versículos. Versículo 34: «Su señorío» y «su reino.» Versículo 35: «Su voluntad»
y «su mano.» Versículo 37: «Sus obras» y «sus caminos.» Todo lo

que el rey había experimentado y todo lo que vino después de su locura eran de parte de Dios. *Todo* había sido dispuesto por Dios, solo por Él.

Me senté y me quedé mirando ese pasaje de la Biblia no sé por cuánto tiempo. Mi corazón comenzó a latir más de prisa, y me puse a sudar mientras luchaba con lo que había leído. Finalmente le dije al Señor que renunciaba a la lucha y que aceptaba su plan. Entonces lo invité a que de manera soberana se hiciera cargo de mi vida. Le entregué mi matrimonio; le entregué a mi esposa; le entregué el nacimiento de nuestro primogénito. En realidad, le rendí a Él todo mi futuro. Y terminé ese tiempo de rodillas, llorando y maravillado, y experimentando una extraordinaria sensación de alivio. De allí en adelante sería «Dios, y solamente Dios.»

No he escrito esta historia para parecer dramático o piadoso; la cuento porque eso cambió mi vida. Necesité recordar ese momento varios años después cuando por causa de dos abortos Cynthia y yo sufrimos la pérdida de dos criaturas. La soberanía de Dios vino en mi rescate en esas horas de tragedia. También necesité recordar esa soberanía cuando nos vimos involucrados en un terrible accidente automovilístico, en una colisión que tuvo lugar en una calle cubierta de hielo en Houston, en la que nuestro hijo resultó con la quijada fracturada, mi esposa seriamente herida y nuestro auto totalmente destruido. Necesité recordar esa soberanía durante tiempos difíciles, en los años de lucha que sufrí cuando fui incomprendido, calumniado y difamado. Y lo necesito aún hoy en los buenos y en los malos momentos; en los días de felicidad y de dificultades; cuando hay ganancia y cuando hay pérdida; cuando hay avance y cuando hay retroceso; cuando hay alegría y cuando hay tristeza; cuando hay dicha y cuando hay tragedia; cuando hay confusión y cuando hay claridad. La soberanía de Dios lo cubre todo. Dios, y solamente Dios, es quien tiene todo el control.

En esa mañana de verano de 1961, decidí que la totalidad de mi vida sería de su señorío y de su Reino, no mía. Que sería su voluntad moldeada por su mano, no la mía. Que sería su obra y su camino, no la mía. Y que pasaría el resto de mi vida proclamando el nombre del Señor y promoviendo su obra. Esa decisión, repito una vez más, transformó totalmente mi vida.

También le prometí al Señor que cada vez que tuviera la oportunidad de hablar de su carácter, hablaría antes que nada de su soberanía; y que por su gracia sería fiel en proclamar esa gran doctrina cada vez que tuviera ocasión. Eso es lo que estoy haciendo ahora aquí.

Los caminos del Señor son siempre correctos. No siempre nos parecen lógicos; en realidad, son a menudo misteriosos, como estamos aprendiendo. Rara vez pueden ser explicados, y no siempre son agradables y divertidos. Pero he vivido lo suficiente como para darme cuenta de que sus caminos son siempre correctos.

Eso fue lo que Nabucodonosor tuvo que aceptar. En verdad, no fue sino hasta que lo reconoció que recuperó su sano juicio. Con este ejemplo como base, creo que hasta que no abracemos la soberanía de Dios no tendremos la capacidad de encontrarle una razón teológica a nuestra existencia. Hasta que eso ocurra, seremos demasiado importantes en el plan. La opinión de los hombres será siempre demasiado importante para nosotros. Por eso nos agitaremos, lucharemos y batallaremos en nuestra vida cristiana tratando hasta el máximo de agradar al mundo antes que vivirla aliviados y solazados en el plan de Dios.

SOLO DIOS ES SOBERANO

Mucho antes de que Daniel dijera esas palabras a Nabucodonosor y este las escribiera por sí mismo, Dios había dirigido a Salomón a escribir el siguiente proverbio: «Como una corriente de agua es el corazón del rey en la mano de Jehovah, quien lo conduce a todo lo que quiere» (Proverbios 21.1).

A menudo, cuando vemos a grandes reyes, a grandes presidentes, a grandes gobernadores y a grandes hombres y mujeres de estado, nos quedamos embelesados y sin respiración. Pero Dios es capaz de mover sus corazones de la misma manera que su dedo es capaz de cambiar el curso de un río. Esto no es ningún problema para Él. Él mueve las cosas como quiere, y todavía no ha dejado de hacerlo. Permítame añadir, además, que esto no está limitado a reyes; también se aplica a usted y a mí.

Ahora bien, esto es difícil de aceptar si usted es una persona altiva, especialmente si esta altivez está conectada con la testarudez. (Por lo general, van juntas.) Usted rechaza ese pensamiento porque puede nombrar a algunas personas que han tenido que vivir tiempos difíciles, y dice: «¿Me está usted diciendo que Dios le sonrió a *eso*? ¿Qué fue responsable por *eso*? ¿Qué permitió *eso*?» Sí, Dios, y solo Él.

Aunque ya me he referido a él antes, la situación de Job hay que repetirla. Aquí tenemos a un hombre que lo perdió todo, menos su esposa y su vida. Como ya hemos visto, perdió sus hijos, su casa, su ganado, sus criados, hasta el último centavo, ¡todo! Incluso perdió su salud. Todo su cuerpo estaba cubierto de úlceras supurantes. Ni usted ni yo podemos imaginar el dolor que sentiría. Y encima de eso, tuvo que escuchar a Elifaz, a Bildad, a Zofar y a Elihú, sus supuestos amigos sermoneándolo en cuanto a la razón por la cual estaba recibiendo su merecido. Finalmente, Dios rompe su silencio y se dirige a Job personalmente. Yo le recomendaría que cuando termine este capítulo lea de punta a cano los cinco capítulos finales de Job... Pero, por ahora, lea lenta y cuidadosamente estos puntos resaltantes:

Entonces Jehovah respondió a Job desde un torbellino y le dijo:

¿Quién es ese que oscurece el consejo
con palabras sin conocimiento?
Cíñete, pues, los lomos como un hombre;
Yo te preguntaré, y tu me lo harás saber:
¿Dónde estabas tú cuando yo fundaba la tierra?
Házmelo saber, si tienes entendimiento.
¿Quién determinó sus medidas?
Porque tú lo debes saber.

¿O quién extendió sobre ella un cordel?
¿Sobre qué están afirmados sus cimientos?
¿O quién puso su piedra angular,
cuando aclamaban juntas las estrellas del alba,
y gritaban de júbilo todos los hijos de los hombres?

¿Quién contuvo mediante compuertas el mar,
cuando irrumpiendo salió del vientre;
cuando le puse las nubes por vestido
y la oscuridad como pañal?
Yo establecí sobre él un límite
y le puse cerrojos y puertas.
Le dije: Hasta aquí llegarás y no seguirás adelante.
Aquí cesará la soberbia de tus olas.

¿Alguna vez en tu vida diste órdenes a la mañana?
¿Has mostrado a la aurora su lugar,
para que al tomar por los extremos la tierra,
sean sacudidos de ella los impíos?
Ella se transforma cual la arcilla en el molde,
y se presenta como una vestidura.
Entonces la luz es quitada a los impíos,
y es quebrantado el brazo enaltecido.

¿Has penetrado hasta las fuentes del mar?
¿Has andado escudriñando el abismo?
¿Te han sido reveladas las puertas de la muerte?
¿Has visto las puertas de la densa oscuridad?
¿Has reflexionado acerca de la amplitud de la tierra?
¡Decláralo, si sabes todo esto!

¿Dónde está el camino hacia la morada de la luz?
¿Y dónde está el lugar de las tinieblas,
para que las repliegues a su territorio
y para que disciernas el camino a su morada?
Tú lo debes saber, porque entonces ya habías nacido,

y es muy grande el número de tus días.
¿Has entrado en los depósitos de la nieve,
o has visto los depósitos del granizo
que tengo reservados para el tiempo de la angustia,
para el día de la batalla y de la guerra? (Job 38.1-23)

«Entonces Jehovah respondió a Job desde un torbellino.»
Esa fue la manera como el Señor vio todo el consejo que Job había estado recibiendo antes de que Él apareciera en la escena (un torbellino humanístico). ¿Ha tenido usted alguna vez esta experiencia? ¿Ha estado alguna vez en un aprieto y se le han acercado voluntarios para darle consejos que usted no les ha pedido? No pasará mucho tiempo antes de que todo se vuelva conflicto y confusión, todo menos algo consolador. ¡Es como un *torbellino* de manufactura humana! Pero lo único que usted anhela es escuchar el mensaje claro y antiguo del Señor.

Eso fue lo que Job finalmente tuvo. Lo que Dios le dice a Job es lo que nosotros necesitamos escuchar: «Yo tengo el control. Sé lo que estoy haciendo. Lo que estoy haciendo es correcto. A pesar del dolor, del sufrimiento y de todo lo demás, estoy reinando soberanamente sobre ti.»

Luego le hace una serie de preguntas retóricas a Job que enfatizan el hecho de que Él, y solo Él, tiene el control de todo. Nuestros periódicos dicen: «¡Desastre! Tempestad de nieve cae sobre el norte del Oeste Medio.» Nosotros decimos: «¡Qué tragedia!» Pero Dios dice: «Yo tenía mis depósitos preparados y envié la nieve.» Sí. O es de esa manera, o Dios es *parcialmente* soberano... O está *casi* en control. Pero eso es imposible. Es como si yo fuera *casi* un esposo o *casi* un padre.

Dios habla después de las estrellas y de las constelaciones que están por encima de nosotros. ¿Tenemos nosotros control sobre ellas? No. Podemos fabricar lentes que nos ayuden a verlas, pero no podemos cambiar la dirección de las estrellas. Podemos quedarnos maravillados y estudiar el diseño de los cielos, pero no podemos cambiar el movimiento del universo ni alterar su orden.

A lo largo de todos estos capítulos, Dios se refiere a muchas de las otras partes de su creación hasta que, finalmente, Job confiesa haber oído suficiente.

Entonces Job respondió a Jehovah y dijo:
Reconozco que tú todo lo puedes,
y que no hay plan que te sea irrealizable (Job 42.1,2).

¡Job recibió cuatro años de educación teológica de un seminario en unos fugaces momentos con el Dios vivo! Dios siguió hablando, hasta que Job finalmente dice: «¡Ya lo entiendo! ¡Ya lo veo! Todo está muy claro... muy claro. No hay plan que te sea irrealizable.»

«No hay plan que te sea irrealizable.» Recuerde esta conclusión. No le eche tijera a este pasaje en su Biblia, sino márquelo y memorícelo. Cuando Dios dice que algo se hará, seguro que se hará. ¿Y si me hace infeliz? Que me haga infeliz. ¿Y si me duele? Que me duela. ¿Y si arruina mi reputación? Que la arruine. Si Dios dice que algo se hará, su propósito no dejará de realizarse... o ya no sería soberano.

¿Quiere saber quién tiene el control de las cosas en este mundo? El único que formó los cielos; el único que ha puesto a las nubes en su sitio; el único que creó la atmósfera que nos permite vivir; el único que hizo separación entre los mares y la tierra seca, que dio aliento a sus pulmones y la capacidad de pensar. El único que lo puso a usted en este mundo en este tiempo, para su propósito, y el único que con chasquido de su dedo divino lo sacará de este mundo para llevarlo a la eternidad. Por más misteriosa que pueda parecer nuestra vida, Dios, y solo Dios, es quien tiene el control.

Quienquiera que sea soberano debe tener una perspectiva total, absoluta. Debe ver el final desde el comienzo. No debe tener a nadie que se le iguale en la tierra o en el cielo. No debe abrigar temores, no debe ignorar nada y no debe tener necesidades. No debe tener limitaciones y siempre sabrá lo que es mejor. Jamás deberá cometer un error. Debe poseer la capacidad de traer todas las cosas a una conclusión determinada y a un objetivo final. Debe ser invencible, inmutable, infinito y autosuficiente. Sus juicios deben ser inescrutables y sus caminos insondables. Debe ser capaz de crear en vez de inventar; de dirigir, en vez de desear; de controlar, en vez de esperar; de guiar, en vez de conjeturar; de lograr, en vez de soñar. ¿Quién califica para ser soberano? Lo adivinó... Dios, y solo Dios.

Pero esto no describe ni remotamente su currículo. Él es nuestro Dios, el único que dice: «será» y es hecho, y «no será» y no se hace.

William Wordsworth describe en su poema «Preludio» lo maravilloso que fue para él escaparse de la ciudad donde había estado encerrado durante tanto tiempo. Él dice: «Soy libre, libre como un ave para asentarme donde quiera.»[1] ¿Libre como un ave?

Cierto hombre lo dijo de esta manera: «El naturalista sabe que el ave supuestamente libre en realidad vive toda su vida en una jaula hecha de temores, hambres e instintos; que está limitada por las condiciones del tiempo; por las diversas presiones de la atmósfera; por la disponibilidad local de comida; por los animales depredadores; y por el más extraño de todos los cautiverios: la irresistible compulsión de permanecer dentro del pequeño lote de tierra y de aire que le ha sido asignado por el Comité de Espacio para las aves. El ave más libre está, al igual que las demás cosas creadas, bajo el constante control de una red de necesidades. Solo Dios es libre.»[2]

Por cierto que ni usted ni yo sabemos nada de libertad. Estamos confinados a un planeta muy particular que tiene un clima particular y una serie de condiciones en las cuales podemos sobrevivir. Estamos limitados por las relaciones. Condicionados por la gravedad. Limitados por la naturaleza. Tenemos que depender de Dios por los mismísimos impulsos que hacen que nuestro corazón palpite, que nuestros pulmones respiren, que nuestros cuerpos se muevan, y que nuestros cerebros piensen. ¿Libres? Nos pavoneamos como si fuéramos libres... ¡vaya chiste! La verdad es que somos (todos) seres increíblemente dependientes.

El único que no depende de nadie es Dios. Solo Él es soberano.

¿QUÉ ES LA SOBERANÍA?

El apóstol Pablo desarrolló este tema mejor que nadie en Romanos 9—11, y yo quiero desafiarlo a usted a que haga su propio estudio de esos capítulos. Debo decirle que si usted no lucha con esos capítulos, usted no está estudiándolos en realidad. Pensará que lo tiene ya todo resuelto en el capítulo 9, pero al ir al capítulo 10 luchará con lo que fue dicho en el capítulo 9. Pero cuando finalmente llegue a esa gran doxología que está al final del capítulo 11, tal vez, al igual que yo, respire con una sensación de alivio incomprensible, dejando mucho del misterio con Dios. ¿Recuerda las palabras? Ya las hemos visto antes.

> ¡Oh la profundidad de las riquezas, y de la sabiduría y del conocimiento de Dios! ¡Cuán incomprensibles son sus juicios e inescrutables sus caminos! (Romanos 11.33).

Visitemos de nuevo la escena de esta gran doxología. Este brillante apóstol, bajo la dirección del Espíritu Santo, exalta a Dios Padre por su infinita sabiduría y conocimiento. Por tanto, todo lo que es soberano está revestido de sabiduría y conocimiento. Cuando Dios hace sus decisiones, que aquí son llamados «juicios», estos son «incomprensibles», porque nosotros vivimos en una esfera finita y Él en una infinita. Vivimos ahora en lo temporal, pero Él vive en la perenne eternidad. Por consiguiente, sus decisiones y sus juicios son «incomprensibles.» Y aun más, sus caminos, que son verdaderos, son «inescrutables.» Usted no puede llegar al fondo de ellos. Sin embargo, lo que sí puede hacer con frecuencia es llegar a decir: «Simplemente lo acepto.» Y eso requiere humildad, algo muy difícil para la persona educada e inteligente de hoy.

Todo esto me ha llevado a esta sencilla definición en cuanto a la soberanía: La soberanía significa que nuestro omnisciente y omnisapiente Dios reina en esferas más allá de nuestra comprensión, para originar un plan más allá de nuestra capacidad de alterarlo, impedirlo o detenerlo.

Permítame elaborar esto un poco más. El plan de Dios incluye todos los avances y todos los retrocesos. Su plan puede significar adversidad, así como prosperidad, tragedia y calamidad, éxtasis y alegría. Involucra tanto salud como tiempos peligrosos, reposo, seguridad, prosperidad y sosiego. Su plan está en actividad cuando nosotros no podemos imaginar por qué, si nos resulta poco agradable, o también cuando la razón es clara y agradable. Su soberanía, aunque es inescrutable, tiene dominio sobre todos los impedimentos, todas las aflicciones, todos los momentos de impotencia. Su soberanía está en actividad a través de todas las decepciones, de todos los sueños rotos y de todas las dificultades que persistan. Y aun si no podemos comprender totalmente el porqué de las cosas, Dios lo sabe. Aun cuando no podamos explicar las razones, Él entiende. Y cuando no podemos ver el final, Él está allí, dándonos su aprobación. «Sí, ese es mi plan.»

> Porque: ¿Quién entendió la mente del Señor? ¿O quién llegó a ser su consejero? ¿O quién le ha dado a él primero para que sea recompensado por él? Porque de él y por medio de él y para él son todas las cosas. A él sea la gloria por los siglos. Amén (Romanos 11.34-36).

Si usted quiere alterar su soberanía y hacerla temporal o limitada, entonces tiene que deshacerse de «todas las cosas», así como se expresa en Romanos 8.28.

> Y sabemos que Dios hace que todas las cosas ayuden para bien a los que le aman, esto es, a los que son llamados conforme a su propósito(Romanos 8.28).

Si Dios dice «todas las cosas», Él quiere decir justamente eso.

Y «todas las cosas» son para su gloria eterna. «A él sea la gloria por los siglos.» Nuestro Soberano es el amo y el motor. Él es el dador y el receptor. Es el creador, porque dice «de él.» Es el regidor, porque dice «por medio de él.» Es el proveedor, porque dice «para él son todas las cosas.» Y para que no pensemos de esto como un destino ciego y cruel, recuerde que todo es también para su mayor gloria por los siglos.

Algunos de los lectores que leen estas palabras se estarán poniendo verdaderamente nerviosos en este momento. Usted ya habrá comenzado a pensar en la carta que piensa enviarme, diciéndome: «Chuck, creo que estás exagerando.» Permítame que lo tranquilice. Fue la locura de esa clase de extremismo lo que me impedía abrazar la soberanía de Dios. Fue esa la razón por la que mi lucha fue tan larga. Y no es que todavía no luche con estas cosas de vez en cuando. Créame, sigo luchando. Pero escuche bien lo que voy a decirle: Cuando las personas llevan esta doctrina a extremos que no tienen asidero en la Biblia, se convierten en seres pasivos e indiferentes. Les falta celo, se vuelven irresponsables y no se esfuerzan por lograr la excelencia personal. Todo es de Dios, dicen, y por tanto es Dios quien lo hace todo.

Encuentro interesante que el apóstol que escribe esta grandiosa declaración en tres capítulos y que termina con tal nota de optimismo, dedique el resto del libro de Romanos a *nuestras* responsabilidades. La doctrina del libro se encuentra en los capítulos 1 al 11, pero a partir del capítulo 12 en adelante, se ocupa especialmente de nuestros deberes. «Dios tiene el control», dice el apóstol. «Dios manda», «Dios es soberano», «Dios es responsable.» Pero, luego...

Así que, hermanos, os ruego por las misericordias de Dios que presentéis vuestros cuerpos como sacrificio vivo, santo y agradable a Dios, que es vuestro culto racional (Romanos 12.1).

Este mandamiento es para el creyente, y en él encontramos un sentido de urgencia. Aquí hay responsabilidad.

No os conforméis a este mundo; más bien, transformaos por la renovación de vuestro entendimiento, de modo que comprobéis cuál sea la voluntad de Dios, buena, agradable y perfecta (Romanos 12.2).

Usted tiene la responsabilidad de no permitir que el mundo que le rodea lo conforme a su molde. «Ah, no se preocupe por eso. Yo creo en la soberanía de Dios.» Bueno, también lo cree quien lo escribió, y él nos dice que es nuestra responsabilidad tomar precauciones para que eso no suceda.

De manera que tenemos dones que varían según la gracia que nos ha sido concedida: Si es de profecía, úsese conforme a la medida de la fe; si es de servicio, en servir; el que enseña, úselo en la enseñanza; el que exhorta, en la exhortación; el que comparte, con liberalidad; el que preside, con diligencia; y el que hace misericordia, con alegría (Romanos 12.6-8).

¡Piense en esto! Un mandamiento tras otro, un imperativo activo tras otro. Y esto sigue en el capítulo 13, en el 14, y hasta el 15.

La soberanía de Dios no significa que estoy liberado de responsabilidades. No significa que no debo tener interés en los asuntos de hoy, ni que no me ocupe de tomar decisiones, o que no tenga que preocuparme por el destino eterno de los perdidos. No significa nada de eso en absoluto. De alguna manera tiene que haber un equilibrio.

A. W. Tozer escribe estas palabras muy sabias en su libro *The Knowledge of the Holy* [El conocimiento del Santo]:

Dios ha decretado soberanamente que todo hombre debe ser libre de tomar decisiones morales, y el hombre, desde el comienzo, ha cumplido con ese decreto eligiendo entre el bien y el mal. Cuando el hombre decide hacer el mal, no se opone con a eso la soberana voluntad de Dios, sino que la cumple, toda vez que el eterno decreto no ha decidido qué elección ha de hacer el hombre, sino que él es libre de hacerla.[3]

Esa elección, asombrosamente, incluye la elección de nuestro destino. Personalmente creo que nuestro Señor Dios nos ha dado el privilegio de elegir. Podemos, por tanto, elegir *a favor de,* o elegir *en contra de.* Pero no podemos elegir las consecuencias. Si elegimos en contra de la persona de Jesucristo, nos involucramos en el decreto divino de castigo eterno. Pero si decidimos a favor del Señor Jesucristo, entonces heredamos todas las recompensas del cielo, la bendición del perdón de los pecados y la eternidad con Dios. Dios gobierna. Dios reina. Y su modo de obrar es correcto.

¿Adónde llevará todo esto? «A él sea la gloria por los siglos. Amén.» Pero no crea que la mayoría de las personas piensan así. La mayoría de nosotros piensa: ¿Cómo iré a la gloria? ¿Qué beneficios tendré? ¿De qué manera seré bendecido? En el soberano plan de Dios es posible que su vida sea dolorosa, con muchas decepciones, difícil, inexplicablemente confusa y totalmente misteriosa. Pero a través de todo esto, de alguna manera Dios recibirá toda la gloria.

Pienso en eso cuando leo lo siguiente:

Después el fin, cuando él entregue el reino al Dios y Padre, cuando ya haya anulado todo principado, autoridad y poder. Porque es necesario que él reine hasta poner a todos sus enemigos debajo de sus pies. El último enemigo que será destruido es la muerte. Porque *[Dios] ha sujetado todas las cosas debajo de sus pies.* Pero cuando dice: Todas las cosas están sujetas a él, claramente está exceptuando a aquel que le sujetó todas las cosas. Pero cuando aquél le ponga en sujeción todas las cosas, entonces el

Hijo mismo también será sujeto al que le sujetó todas las cosas, para que Dios sea el todo en todos (1 Corintios 15.24-28, cursivas mías).

Todos nosotros vamos directo al fin de los tiempos, antes de que entremos a la eternidad futura, y Dios está declarando los planes finales para esta tierra y todos sus habitantes. Me encanta esta parte porque es tan definitiva, tan clara: «Después el fin.»

¿No es eso maravilloso? Y en el final mismo leemos el propósito máximo: «para que Dios sea el todo en todo.» Eso es lo que se leerá en la puerta del cielo: «¡Dios es el todo en todos!» ¿Incluso en las tragedias? Incluso en las tragedias. ¿Incluso en las pérdidas? Incluso en las pérdidas. ¿Incluso en los fracasos? Incluso en los fracasos. ¿Incluso en las alegrías y en las tristezas? Sí, incluso en todo ello. ¿Incluso en los terremotos? Sí. No sé cómo; tampoco sé por qué. Pero aun en los desastres, aun en su casa que ha sido destruida, aun allí «todas las cosas están sujetas a Él... para que Dios sea en todos.»

Esto dice el último capítulo de la Biblia:

Ya no habrá más maldición. Y el trono de Dios y del Cordero estará en ella, y sus siervos le rendirán culto. Verán su rostro, y su nombre estará en sus frentes. No habrá más noche, ni tienen necesidad de luz de lámpara, ni de luz de sol; porque el Señor Dios alumbrará sobre ellos, y reinarán por los siglos de los siglos (Apocalipsis 22.3-5).

Dios gobierna. Dios reina. Dios, y solo Dios. Su proceder es correcto, y este guía todo a su gloria.

En lo más profundo del corazón de todo hombre y de toda mujer (aunque la mayoría de ellos no lo reconozca) está la conciencia de que realmente no tenemos la respuesta final. Oculta en lo más profundo de la mayoría de las mentes pensantes está presente esta frasecita que dice: «Después de todo, es posible que Dios exista.»

Cuando llevamos esto al final que le aguarda a la humanidad, Dios tiene el soberano control de todo. Un segundo después de que mueren, el hombre y la mujer que han rechazado y se han opuesto al Señor, entrarán a la eternidad. Solo un segundo... y ya no podrán determinar su futuro. La soberanía de Dios se impondrá y declarará su decreto: «Que Dios sea el todo en todos.»

PERO, ¿QUÉ SIGNIFICA TODO ELLO?

La soberanía de Dios. Esta es, a veces, una doctrina misteriosa, pero que tiene gran relevancia para nuestras vidas. No es simplemente algo para la discusión de eruditos y teólogos.

Primero que nada, la soberanía de Dios me quita toda ansiedad. No me quita mis preguntas, pero sí mi ansiedad. Cuando descanso en ella, me libero de todas mis angustias.

En segundo lugar, la soberanía de Dios me libra de toda explicación. No tengo que tener todas las respuestas. Con ella, encuentro alivio al decir a ciertas personas en momentos de crisis: «No lo sé. No puedo descifrar todo el plan de Dios en esto que está sucediendo.»

Recordemos que el problema con aprender un poco de teología es que comenzamos a pensar que podemos escrutar lo inescrutable; creer que podemos sondear lo insondable; que no hay profundidad que no podamos dilucidar. Pues, bien, enfrentémoslo... eso no es verdad. Hay veces en que los que más saben tienen, simplemente, que retroceder con las manos en la espalda y decir: «Esto está más allá de mi comprensión. No sé por qué razón Dios cierra unas puertas y abre otras. No sé por qué algunos rechazan a Dios y se convierten en vasos de la ira. No sé cómo se ajusta eso. Tampoco sé de qué manera el mal pueda ser usado para traer bien. Y no sé cómo la interacción de ambos glorifica, de alguna manera, a Dios. Pero sí sé que, al final, lo hace y lo hará, porque Dios será el todo en todos. No tengo, pues, que explicarlo todo.»

En tercer lugar, la soberanía de Dios me libra del orgullo. Pensé en esto en cierta ocasión durante el año 1961, y este pensamiento comenzó a venir una y otra vez a mí en forma regular hasta que terminé mis estudios en el seminario y después estando en el ministerio. Este pensamiento me ha ayudado a enfrentar algunos de los tiempos más difíciles de mi vida, y a humillarme delante de Dios.

A semejanza de los demás seres humanos, yo también tengo muchas, pero muchas batallas. Tengo numerosos pecados (pecados reiterativos) que me atormentan. Pecados con los que lucho y confeso y que traigo delante de Dios. Pero también tengo que decirle que, gracias a mi firme confianza en la soberanía de Dios, el pecado del orgullo no es ninguna gran batalla para mí. Yo jamás tengo sentimientos de orgullo, ni siquiera secretamente, ¡porque la soberanía de Dios ha resuelto esa batalla de una vez y para siempre! Por el contrario, estoy muy agradecido a Dios de que me haya dado la capacidad de respirar, así como la de pensar, ministrar y servir.

El Señor es soberano en mi vida. Y Él es también soberano en la suya. Él es soberano, aceptémoslo o no. Esto fue algo que descubrió Nabucodonosor. Es posible que usted no lo sepa en este momento, pero lo sabrá un segundo después de que haya muerto. Dios, y solo Dios, es quien gobierna, y su modo de obrar es correcto.

John Oxenham, allá por 1613, llamó a esto «La escritura de Dios.»

Él escribe con caracteres demasiado grandiosos
que nuestra corta vista no llega a comprender;
nos valemos de nuestros débiles trazos,
y tratamos de desentrañar todo el misterio
de las marchitas esperanzas de muerte, de vida,
de guerra interminable, de lucha improductiva.
Pero allá, con visión ensanchada y más clara
veremos esto:
Que Dios obró bien.
Que Dios obró bien.[4]

Después de todos estos años, sigo estando muy agradecido por aquel momento memorable del verano de 1961 cuando me vi obligado a enfrentarme a un asunto que me había estado preocupando. Estoy agradecido por el consuelo que eso me ha proporcionado a través de los años. Me siento satisfecho de que el Señor estuviera directamente involucrado en el asunto cuando puse mis ojos en aquel pasaje de Daniel. Y le doy gracias a Él por haber preservado estos relatos acerca del rey Nabucodonosor y de Job, y los escritos de Pablo, para que pudiéramos saber que su gobierno y su soberanía son justos. Dios siempre obra bien.

A veces luchamos. A veces nos resulta difícil leer o aceptar la escritura de Dios. Pero mi oración es que el Señor ministre de una manera muy especial a los que están ahora enfrentando luchas, que están tratando de encontrar respuestas al derecho que Él tiene de gobernar sus vidas. Y oro porque el nombre del Dios todopoderoso y soberano sea exaltado, y que toda la gloria sea de Él... a pesar de todo el misterio.

6

Los misteriosos labios de Dios

Todo es un enigma, y la clave para resolver un enigma
es otro enigma.
—Emerson en *The Conduct of Life* [La conducta de la vida]

La tragedia comienza con la comunicación humana.
No cuando hay un malentendido en cuanto a las palabras, sino
cuando el silencio no es entendido.

—Thoreau, en *A Week on the Concord and Merrimack Rivers*
[Una semana en los ríos Concord y Merrimack]

Encontré a Dios en el fulgor de las estrellas,
lo distinguí también en sus campos en flor,
mas en su manera de obrar con los hombres,
allí no lo encontré.

—Alfred Lord Tennyson, en *Idylls of the King* [Idilios del Rey]

Capítulo seis

Los misteriosos labios de Dios

A MITAD DE LA DÉCADA de los años 70, tuvieron que hacerme una tímpanoplastia del oído derecho. Yo nací con un orificio congénito en ese oído que, por consiguiente, era susceptible de infectarse. De niño, sufría ataques dolorosos por causa de esto, y al aproximarme a los cuarenta años de edad el orificio se había hecho muy grande, lo que significaba que estaba comenzando a tener una débil pérdida de la audición. Por tanto, mi médico reparó el daño utilizando un pedacito de tejido, localizado inmediatamente debajo del cuero cabelludo, para reconstruir el tímpano.

La tímpanoplastia no es una cirugía dolorosa, pero sí requiere de un tiempo de recuperación algo prolongado. De modo que, mientras me recuperaba, me puse a pensar bastante en lo que sería mi vida sin la capacidad de oír. ¿Qué dificultades tendría y qué ajustes importantes tendría que hacer? Llegué a la conclusión de que uno de esos ajustes grandes tendría que ser el aprender a leer los labios.

Me acordé de esto el año pasado cuando estaba dando una conferencia, y una mujer, que siempre se sentaba en la primera fila, se me acercó para darme las gracias por mi articulación cuidadosa de las palabras. «No puedo oír, y por eso he aprendido a leer los labios», dijo. Cuando le pregunté si eso era muy difícil para ella, me respondió: «Ah, no... yo veo televisión, voy al cine y hago todas las cosas que muchas personas piensan que no podrían hacer jamás los sordos.» Y luego añadió este agudo pensamiento: «Es algo maravilloso, realmente. Puedo estudiar bien a la persona que está hablando y verla con bastante detenimiento, porque no puedo quitar mis ojos de sus labios, ya que si lo hago no sabría lo que está pasando.»

Todo esto se conecta divinamente con nuestro andar con el Señor, ya que Dios no solamente es invisible y soberano, sino además silencioso. Algunos de los grandes himnólogos han escrito elocuentes himnos en cuanto a este tema. Por ejemplo, el himno de Walter Chalmers Smith:

Inmortal, invisible, el solo sabio Dios
en luz inaccesible se oculta de mis ojos;
bendito, gloriosísimo, el Anciano de Días,
Todopoderoso, victorioso, tu gran nombre alabamos.
Incansable, sin prisa, silencioso cual luz,
Tú nada necesitas, tú nada desperdicias, gobiernas con
    poder.[1]

«Silencioso cual luz.» Así es nuestro Dios. No lo vemos y tampoco lo escuchamos, al menos en un sentido físico. Pero se nos ha ordenado que seamos sabios y que comprendamos lo que es la voluntad del Señor, a pesar de que Él no habla.

¿No sería más fácil si dos veces a la semana Él rompiera el silencio, nos visitara en nuestro pequeño cuarto de oración o en nuestro escritorio o en alguna parte de nuestra casa, y nos dijera: «Este es nuestro momento para estar juntos. Quiero revelarte mi voluntad para la próxima semana.» Pero si eso ocurriera, estaríamos andando por voz y no por fe.

Entonces, si Él es invisible y silencioso, y no podemos leer sus labios, ¿de qué manera recibimos nuestros mensajes de Dios?

ESCUCHAR EN EL SILENCIO

Ante todo, *necesitamos ser sensibles y entendidos* porque la voluntad de Dios es impredecible.

En el salmo 32 encontramos un diálogo entre David y el Señor.

A propósito, observe que este salmo no solo es llamado «Salmo de David», sino también «Masquil.» Un *masquil* es un salmo instructivo. Observe asimismo que, justo en la mitad del salmo, aparece tres veces la palabra *Selah*. Esta palabra es una indicación musical puesta en paréntesis colocada por el salmista, para llamar a una pausa. Cuando en la música hay una pausa, uno medita en lo que se ha tocado o cantado, mientras la letra o la música se mantiene en el aire, y luego uno vislumbra lo que habrá de venir después. En la música, las pausas pueden ser muy efectivas, y en este caso hay tres de ellas. Justo después de la tercera siguen estas palabras:

Te haré entender y te enseñaré el camino en que debes andar. Sobre ti fijaré mis ojos (Salmo 32.8).

Dios es silencioso, y es por eso que no dice: «Te haré entender con mi voz», sino que dice: «Te haré entender y sobre ti fijaré mis ojos.» El movimiento de los ojos es un movimiento silencioso. Por tanto, al igual que la persona capaz de leer los labios, debemos ser sensibles y entendidos al estudiar a nuestro Señor, para luego responder al impulso interior del Espíritu de Dios.

La voluntad de Dios no solamente es misteriosa, sino también impredecible. Ya hemos establecido esto, ¿no? Muchas veces, esa voluntad no es lo que habríamos esperado. Recientemente, una pareja, amiga nuestra, ha estado buscando la voluntad de Dios respecto a la vocación del esposo. Habían hecho una decisión que parecía ser la voluntad de Dios, solo para toparse con una pared infranqueable. Para ellos, permanecer en la situación significaría un compromiso para la integridad de él, por lo que me dijo: «Así que lo hemos dejado, ya que seguir en eso sería claudicar en mis convicciones, y yo no lo haré.» Ellos están siendo sensibles a lo que el Señor los está guiando a hacer, porque eso no era obviamente lo que ellos habían esperado.

En segundo lugar, *necesitamos ser perceptivos y pacientes* porque el plan de Dios es algo que se revela progresivamente. Lo que determinó que estemos ahora donde nos encontramos en este momento es todo parte de su plan total. Pero ese plan sigue todavía en el proceso de revelarse en nuestras vidas, lo cual significa que llevarnos de donde estamos a donde Él quiere que estemos en el futuro involucrará cambios. Y algunos de estos cambios son cosas que jamás habríamos esperado.

CUANDO APRENDEMOS DE JEREMÍAS EL PROFETA

Regresemos a un personaje bíblico que vimos antes en este libro. Jeremías fue un profeta utilizado por Dios durante uno de los tiempos más difíciles de la historia de Israel, es decir, en los últimos días del reino de Judá.

> Las palabras de Jeremías hijo de Hilquías, de los sacerdotes que estaban en Anatot, en la tierra de Benjamín. La palabra de Jehovah le vino en los días de Josías hijo de Amón, rey de Judá, en el año 13 de su reinado. También le vino en los días de Joacim hijo de Josías, rey de Judá, hasta el final del año 11 de Sedequías hijo de Josías, rey de Judá, es decir, hasta la cautividad de Jerusalén en el mes quinto. Vino a mí la palabra de Jehovah, diciendo (Jeremías 1.1-4).

«Vino a mí la palabra de Jehovah.» Jeremías ha tomado su pluma y ha comenzado a escribir. El pronombre «mí» lo revela. No creo que Jeremías sabía que estaba escribiendo un texto de las Sagradas Escrituras. No creo que tenía idea de que le serían confiados cincuenta y dos capítulos de la Biblia. Jeremías solo estaba escribiendo lo que el Señor le había revelado, y Dios tuvo a bien guiar lo que escribía para que esto se convirtiera en una parte inspirada del canon de las Escrituras. Por eso, Jeremías escribió: «Vino a mí palabra de Jehovah, diciendo...»

> Antes que yo te formase en el vientre, te conocí; y antes que salieses de la matriz, te consagré y te di por profeta a las naciones (Jeremías 1.5).

Dios le dice a Jeremías que Él lo había apartado como profeta antes de que naciera. *Antes* de que fuera *formado* en el vientre, Dios lo había *conocido*. *Antes* de que naciera, Dios lo había *consagrado* por profeta a las naciones.

El plan predeterminado de Dios es invariable. Antes de que fuéramos concebidos en el vientre de nuestra madre, los planes de Dios para nosotros ya estaban decididos. En su *libro Run with the Horses* [En compañía de los vencedores], Eugene Peterson nos ofrece una percepción maravillosa en cuanto a esta antigua escena. En el capítulo titulado «Antes», él hace varias observaciones excelentes:

> Antes de que Jeremías conociera a Dios, ya Dios conocía a Jeremías: «Antes que yo te formase en el vientre, te conocí.» Esto cambia todo lo que habíamos pensando acerca de Dios...
>
> Llegamos a un mundo que no fue creado por nosotros, y desarrollamos una vida que ya nos ha sido dada ... De modo que si vamos a vivir como se debe, tenemos que estar conscientes de que estamos viviendo en medio de una historia que comenzó y que concluirá otro. Y este otro es Dios...
>
> La vida de Jeremías no comenzó con Jeremías. La salvación de Jeremías no comenzó con Jeremías. La verdad de Jeremías no comenzó con Jeremías. Él llegó a un mundo en el que las partes fundamentales de su existencia ya eran historia antigua. Y lo mismo sucede con nosotros. «Te conocí...»
>
> El segundo detalle de información básica que

encontramos en Jeremías es este: «Antes que salieses de la matriz, te consagré.» *Consagrar* significa «apartar para Dios.» Significa que el ser humano no es un engranaje; que una persona no es el teclado de un piano en el que las circunstancias tocan una lista de canciones que están de moda. Significa que hemos sido escogidos de una fútil sucesión de cosas circunstanciales para algo importante que Dios está haciendo.

¿Qué es lo que Dios está haciendo? Él está salvando; Él está rescatando; Él está bendiciendo: Él está proveyendo; Él está haciendo juicio; Él está sanando; Él está iluminando. Y al mismo tiempo se está desarrollando una guerra espiritual, una batalla moral acérrima. En el mundo hay maldad y crueldad, infelicidad y enfermedad. Hay superstición e ignorancia, brutalidad y dolor. Pero Dios está en una batalla continua y enérgica contra todo esto. Dios está a favor de la vida y contra la muerte. Dios está a favor del amor y contra el odio. Dios está a favor de la esperanza y contra el desaliento. Dios está a favor del cielo y contra el infierno. En el universo no hay terreno neutral. Cada centímetro cuadrado de espacio está siendo disputado.

Jeremías, antes de nacer, ya había sido reclutado para el ejército de Dios en esta guerra.

Pero Dios hizo, además, una tercera cosa con Jeremías antes de que este hiciera algo por su propia cuenta: «Te di por profeta a las naciones.» Dios da. Él es generoso, espléndidamente generoso. Antes de que Jeremías entendiera lo que estaba pasando, ya había sido dado.

Así es como Dios actúa. Así lo hizo con su hijo, Jesús. «Porque de tal manera amó Dios al mundo, que ha dado...»

Hay algunas cosas en las que tenemos una opción, pero en otras no. En esta no tenemos ninguna. Esta es la clase de mundo en el que hemos nacido. Dios lo creó y Dios lo sustenta. Dar es la costumbre del universo. El dar está entretejido en la urdimbre de la existencia...

Jeremías pudo haberse aferrado a la calle ciega donde vivía en Anatot. Pudo haberse acurrucado en la seguridad que significaba el sacerdocio de su padre. Pudo haberse conformado a los monótonos hábitos de su cultura, pero no lo hizo, sino que participó en el dar, lanzándose de lleno al oficio que Dios le había asignado.[2]

¡Eso es lo que yo quiero para usted! Adondequiera que Dios pueda guiarle, o sea, para lo que Él le está llamando a hacer, o adonde Él le llame a vivir, o lo que tenga que dar, o lo que tenga que aceptar, ¡HÁGALO! Esa es la quintaesencia de la vida. La búsqueda de la excelencia en la vida significa que estamos en la compañía de los triunfadores y que hacemos siempre la voluntad de Dios, que es siempre lo más seguro y lo más provechoso, aunque eso esté lleno de cambios, de riesgos y de renuncias. ¡HÁGALO!

CINCO PAUTAS PARA LEER LOS LABIOS DE DIOS

Yo he escuchado decir a algunos cristianos que ellos oran solo una vez por algo, y luego lo dejan en las manos de Dios. Dicen que orar más de una vez es dudar. Yo rechazo eso. ¿Qué de Pablo, que oró tres veces pidiendo que le fuera quitado el aguijón de la carne? Quizás no volvió a orar después de esa tercera vez, pero sí oró tres veces, y lo hizo fervientemente. Yo no encuentro en ninguna parte de la Biblia que orar más de una vez sea desobediencia o duda. Necesitamos pensar reflexiva y sensatamente, ya que Dios nos ha dado un cerebro y también su Espíritu Santo para que trabajen en armonía y concertadamente.

Dios quiere que entendamos su voluntad. Él no está jugando con nosotros; no está jugando a las escondidas con nosotros. «No, no, no, allí no, sigue buscando. Te estás acercando.» Él quiere que conozcamos su voluntad. Aunque Él permanece «silencioso cual la luz», Él está ocupado en dirigir nuestros pasos, nos ha creado para que hagamos su voluntad, y para ayudarnos a hacerlo nos ha dado algunas pautas.

Para que me ayude a recordarlas, he encontrado un plan supersencillo. He utilizado las primeras cinco letras del alfabeto: A-B-C-D-E. Le confieso que las uso rápidamente cuando trato de leer los misteriosos labios de Dios.

A: Aceptación. Un estado de ánimo de aceptación. Esto es lo que yo llamo un espíritu «receptivo.»

Para estar en esta disposición, necesitamos estar relativamente libres de ansiedad y estrés. Usted me dirá: «Bueno, yo puedo recordar un par de días en toda mi vida adulta que eso fue así», y le doy la razón, ya que la mayoría de nosotros tenemos una vida llena de tensión. Es por eso que necesitamos tener intimidad con el Todopoderoso; necesitamos tener tiempos de aislamiento y silencio. En esto no hay nada de misterioso. Algunos lo llaman místico, pero yo lo llamo sabio.

Conozco a un hombre que aparta un día cada mes para no hacer nada, sino únicamente para estar solo, en silencio, y pensando. Durante años, él ha dirigido exitosamente una organización por su dedicación a esta clase de disciplina. En ese día, come un buen desayuno y ayuna en el almuerzo. Luego pasa solo el resto del día reflexionando y orando por varios asuntos que tiene en mente. A veces toma una Biblia, otras veces un libro, y a veces nada. Y esto lo hace en diferentes lugares, no tiene un lugar sagrado para hacerlo.

Es posible que usted tenga un sitio especial adonde le gusta ir para estar solo, pero para otros la variedad es importante. Un día puede ser una caminata por la playa, y otro, un día en la montaña. Puede ser varias horas conduciendo el automóvil o un paseo alrededor del vecindario o simplemente cierto tiempo sentado en un banco del parque. No importa dónde, siempre y cuando tenga tiempo para reflexionar y donde se sienta relativamente libre de tensiones.

Lo importante es que a pesar de todo, tenga un estado de ánimo de aceptación, receptivo. A pesar de lo que pueda ser o implicar algo, manténgase accesible, dócil, sensible y dispuesto.

¿Tenía Jeremías un estado de ánimo de aceptación o receptivo? Después que Dios le dijo: «Te formé, te consagré, te di», su respuesta fue:

¡Oh Señor Jehovah! He aquí que no sé hablar, porque soy un muchacho (Jeremías 1.6).

Aquí tenemos a un profeta en formación. «No sé hablar.» ¿Qué es lo que hacen los profetas? Predicar.

Pero Jehovah me dijo: No digas: Soy un muchacho; porque a todos a quienes yo te envíe tu irás, y todo lo que mande dirás. No tengas temor de ellos, porque yo estaré contigo para librarte, dice Jehovah. Entonces Jehovah extendió su mano y tocó mi boca. Y me dijo Jehovah: He aquí, pongo mis palabras en tu boca (Jeremías 1.7-9).

Cuando estamos escuchando en silencio, necesitamos estar en un estado de ánimo receptivo.

Cuando cursaba mi primer año de secundaria, tartamudeaba tanto que difícilmente podía terminar bien una frase. Un día, nuestro profesor de teatro, Dick Nieme, me detuvo en medio del pasillo de la Escuela Secundaria Milby y me dijo:

—Quiero que seas parte de nuestro grupo de arte dramático.

—¿Y... y....y... yo?

—Sí, tú.

Pensé realmente que se había equivocado de muchacho; creí que estaba pensando en el otro que estaba cerca de mí, que era un astro del baloncesto.

—No —me dijo—. Eres tú.

Mi primer pensamiento fue: «¡Ay, yo soy tan inepto! Es que usted no tiene idea de lo avergonzado que me siento cuando estoy frente a un grupo. ¿Lo que usted quiere es que yo me pare allí y comience a t-t-tar-tar-tamudear? Eso lo arruinará todo.»

Pero solo tres años después, me dieron el papel principal en la obra de teatro de los estudiantes del último año de secundaria.

También formaba parte del grupo de debates... y eso me encantaba.

El gran Dick Nieme, ya fallecido, cuya fotografía está en mi escritorio junto con las de mis otros profesores, vio lo que yo no podía imaginar. Vio algo dentro de mí antes de que eso se convirtiera en realidad. Todo eso que pasó conmigo es apenas una vaga y terrenal imagen de la manera como Dios nos ve.

Un estado de ánimo de aceptación dice: «¿Yo? Si usted lo dice, estoy dispuesto.»

B: Biblia. Investigación bíblica. Usted ya sabe ahora que la voluntad de Dios nunca es contraria a la Palabra de Dios. Usted nunca hará la voluntad de Dios y luego se pondrá a pensar en lo que ha hecho, y dirá: «Ay, Dios mío, este pasaje de la Escritura condena lo que estoy haciendo.» Eso jamás sucederá. De modo que usted está a salvo.

> ¡Cuánto amo tu ley! Todo el día ella es mi meditación. Por tus mandamientos me has hecho más sabio que mis enemigos, porque para siempre son míos. He comprendido más que todos mis instructores, porque tus testimonios son mi meditación. He entendido más que los ancianos, porque he guardado tus ordenanzas ... Lámpara es a mis pies tu palabra, y lumbrera a mi camino (Salmo 119.97-100,105).

La Palabra de Dios nos hace a usted y a mí más sabios que a nuestros adversarios, nos da más percepción que la que podemos obtener de nuestros maestros, y nos proporciona una comprensión mayor que la que tienen los viejos. Ese es un conjunto de promesas muy bueno.

Ahora bien, ¿qué implica esto? Primero que nada, que al buscar la voluntad de Dios en su Palabra debemos pensar en el asunto de mayor necesidad: matrimonio, sufrimiento, dinero, ocupación, sumisión... hay cientos de asuntos. Busque una concordancia, que es una lista alfabética de todas las palabras de la Biblia, y localice esa palabra. Si se trata de sufrimiento, busque la palabra «sufrimiento.» Bajo esta, encontrará una lista de todas las referencias bíblicas donde aparece mencionada la palabra. Comience después el estudio del tema.

Obviamente, es posible que algunas de las cosas que le preocupan no estén mencionadas en la Biblia con esa palabra específica, por lo que debe buscar sinónimos. Esta es una de las maneras de hacer investigación bíblica.

En segundo lugar, manténgase alerta en cuanto a los preceptos y principios concretos que descubra. ¿Recuerda la diferencia entre «Límite de velocidad 55 Km» y «Conduzca con cuidado»? Esté atento en la iglesia o cuando haga su estudio de la Biblia. Ese no es un tiempo para tener la mente en otro asunto. Ese es un tiempo de instrucción, un tiempo para aprender. Tome notas, y anote las preguntas sobre las que quisiera meditar bien.

Otra parte de la investigación bíblica es su tiempo con el Señor o el intercambio de ideas con hermanos cristianos. En vez de hablar en la hora del almuerzo sobre la última película, discuta temas de valor. Recuerde que hablar de las personas es el nivel más bajo de conversación. El siguiente nivel son los hechos. Pero el nivel más alto de conversación es el evangelio y las ideas. Invite a un amigo a almorzar y dígale: «Mientras comemos, me gustaría realmente hablar de...» Al mencionar esto, es usted quien fija el tema de conversación. Descubrirá que estará comiendo menos y pensando más. Pero escoja muy bien a quién invita a almorzar, porque usted querrá conocer las ideas de esa persona, y también tener la libertad de ser vulnerable a lo que le diga.

Por último, cuando se trata de investigación bíblica, y corriendo el riesgo de que lo que voy a decir le parezca una perogrullada, le sugiero que tenga una Biblia que sea una traducción buena y confiable de las Escrituras. La investigación bíblica exige una interpretación sana e inteligente de las Escrituras. Hay que estudiar los pasajes en su contexto. Por ejemplo, no escoja el versículo 7 e ignore los versículos 1 al 6. Es algo parecido a lo que ocurre con los diamantes. Sin una montadura, un diamante está suelto y puede perderse. Pero cuando se le pone en una montadura se puede disfrutar de la belleza de la gema. Lo mismo sucede con los versículos de la Biblia.

La Palabra de Dios responde la mayoría de nuestras preguntas, pero encontrar esas respuestas toma tiempo, paciencia y esfuerzo. Es como un manual o un instructivo de las compañías de *programas operativos.* Es posible que tenga que ahondar para encontrar las respuestas, pero allí estarán. (¡Por supuesto, cuando se trata de computadoras, es posible que algunos de nosotros tengamos que ahondar más tiempo!) Usted puede leer los labios de Dios mucho más fácilmente si invierte tiempo suficiente en su Palabra.

C: Clarificación. La clarificación y convicción del Espíritu Santo. Esta combinación de la Palabra de Dios y del Espíritu de Dios actúa dentro de nosotros como una compulsión interior. Usted es atraído, casi como si alguien lo agarrara por las ropas y lo llevara en cierta dirección... como si se tratara de un imán interior que lo acerca hacia esa meta.

Cuando usted está andando en el Espíritu, reflexionando en las Escrituras y es accesible a la guía de Dios, ese imán comenzará a halarlo y sentirá una dirección. A propósito, es posible que esto no se produzca rápidamente, pero finalmente ocurrirá. David dice en el Salmo 40.1: «Pacientemente esperé a Jehovah, y él se inclinó a mí y oyó mi clamor.» En su paráfrasis de la Biblia, Eugene Peterson dice: «Esperé, esperé y esperé a Jehovah. Y él se inclinó a mí, y oyó mi lamento.»[3]

«Esperé, esperé y esperé ... y finalmente Él hizo lo que dijo que haría.» Recuerde que Dios no actúa con un reloj de veinticuatro horas. Su «tiempo» es eterno. Aun más, Él conoce su plan para nosotros, incluso cuando estamos tan confundidos que ni siquiera sabemos qué preguntas hacer.

Si usted quiere una verificación de esto, considere estos importantes pensamientos de Romanos 8:

Porque todos los que son guiados por el Espíritu de Dios, éstos son hijos de Dios. Pues no recibisteis el espíritu de esclavitud para estar otra vez bajo el temor, sino que recibisteis el espíritu de adopción como hijos, en el cual clamamos: ¡Abba, Padre! El Espíritu mismo da testimonio juntamente con nuestro espíritu de que somos hijos de Dios. Y si somos hijos, también somos herederos: herederos de Dios y coherederos con Cristo, si es que padecemos juntamente con él, para que juntamente con él seamos glorificados ... Y asimismo, también el Espíritu nos ayuda en nuestras debilidades; porque cómo debiéramos orar, no lo sabemos; pero el Espíritu mismo intercede con gemidos indecibles. Y el que escudriña los corazones sabe cuál es el intento del Espíritu, porque él intercede por los santos conforme a la voluntad de Dios (Romanos 8.14-17,26,27).

¿No es esto maravilloso? Pablo reconoce: «Estoy en una incertidumbre tal que ni siquiera sé cómo o qué pedir, pero Dios entiende aun mis gemidos.»

¿Ha tenido usted alguna vez esta experiencia? En cuanto a mí, a veces, cuando oro, solo me ha sido posible gemir, literalmente hablando. Por más sorprendente que parezca, de alguna manera el Espíritu Santo interpreta mis «gemidos indecibles» y los coloca delante de la maravillosa presencia de Dios, de una manera clara y correcta. Eso es lo que hace el Espíritu de Dios. Tome aliento en esto, si es de las personas que cree que tiene que decir cada palabra bien. Usted, en realidad, no tiene que explicar claramente cada detalle que le preocupa. ¡Así que no insista más!

Al decirle esto, estoy siendo totalmente sincero. Hay ocasiones cuando miro hacia arriba, estando en mi escritorio, en medio de una situación a la que no le encuentro solución, y simplemente digo: «¡Ayúdame, Señor, ayúdame, ayúdame!» No me sale nada de la boca. Solo «¡Ayúdame!» Y Él lo hace... en verdad que lo hace.

Si estamos dispuestos a esperar y a dejar que el Señor se encargue de la situación, Él lo hará. El problema surge cuando salto de mi escritorio y digo: «Yo sé cómo manejar esto; me voy a ocupar de esto ahora mismo.» Y siempre tengo que lamentarme de estas acciones provocadas por la carne.

A veces, por supuesto, es acción lo que el Señor quiere de nosotros en determinado momento. Pero, por lo general, es mejor esperar. Como dijo alguien: «Jamás me lamenté de las cosas que no dije.» Yo, raramente he tenido que lamentar las veces que he tenido que esperar. Con frecuencia, cuanto más importante sea la decisión, mayor debe ser la espera.

D: Determinación. Determinar si hay paz. «Y la paz de Cristo gobierne en vuestros corazones, pues a ella fuisteis llamados en un solo cuerpo; y sed agradecidos. La Palabra de Cristo habite abundantemente en vosotros, enseñándoos y amonestándoos los unos a los otros en toda sabiduría con salmos, himnos y canciones espirituales, cantando con gracia a Dios en vuestros corazones» (Colosenses 3.15,16). Que la paz de Cristo sea la que mande. La palabra «gobernar» significa «servir como árbitro.»

Un árbitro es la voz final en un juego. Es él quien hace las decisiones cruciales, quien determina las «faltas», y quien resuelve las situaciones para que no se conviertan en conflictos. Es quien mantiene el juego en movimiento. Lo mismo ocurre con la paz.

Si usted me dijera que estuvo en medio de una lucha y que acababa de llegar a una decisión, yo le preguntaría: «¿Tiene paz en todo esto?» Si su respuesta fuera: «Bueno, la verdad es que me siento perturbado. En realidad, no tengo paz», yo le diría: «Si no tiene paz, está todavía agitado, y si está agitado, todavía no está bien.» ¡Nunca haga una decisión importante si no tiene paz!

A ustedes, los que están casados, permítanme que les diga algo más: Si se trata de hacer una decisión, su cónyuge debe tener paz también en cuanto al asunto. Rechace el impulso de arrastrar a su esposa o a su esposo en contra de sus deseos. Muy raras veces he visto que eso sale bien. Hay personas que parecen deleitarse cuando actúan así: «Lo haré aunque ella esté convencida o no. Lo que sucede es que, evidentemente, no está accesible a la dirección del Señor.» Espere un momento. Ella lo conoce a usted mejor que nadie en la tierra. Ella también es parte del proyecto y es su socia, lo que significa que ustedes son uno. En realidad están tan unidos, enseña la Biblia, que si hay conflicto entre ustedes sus oraciones podrán ser obstaculizadas. «Vosotros, maridos, de la misma manera vivid con ellas con comprensión, dando honor a la mujer como a vaso más frágil y como a coherederas de la gracia de la vida, para que vuestras oraciones no sean estorbadas» (1 Pedro 3.7).

Mi apreciado amigo Tom Kimber (a quien he mencionado antes) nunca debió haber ido a la China si hubiera tenido que llevar a Sue a rastras. Y lo conozco lo suficientemente bien como para decir que él no habría hecho eso. Fueron porque ambos tuvieron paz en cuanto a la decisión.

Un teólogo muy célebre de antaño, el Dr. Lightfoot, escribe: «Siempre que haya un conflicto de motivación, de impulsos o de razones, la paz de Cristo debe intervenir, decidir y prevalecer.» ¡Qué manera tan excelente de decirlo! Cuando haya un conflicto de motivación, de impulsos o de razones, la paz de Dios debe ser quien tenga la última palabra.

Nunca trato de convencer a las personas de que tomen decisiones, ni tampoco de convencerlas de que no las tomen. A veces hay una cierta persona a la que realmente quisiéramos en nuestro personal, ya sea en la iglesia, en Visión para Vivir, o en el Seminario de Dallas, por sentir que es la persona indicada para el trabajo. Pero si la persona no está segura en cuanto al asunto, yo no la presiono. He hecho eso otras veces en el pasado, y siempre he tenido que lamentarlo. Y si alguno de nuestro personal se me acerca y me dice: «Siento que Dios me está dirigiendo a servir en otro lugar», no lo discuto. Por el contrario, apoyo y aplaudo la decisión.

Dios no nos revela su voluntad en lo que concierne a la vida de otra persona. Él mismo se la revela a la persona. Sin embargo, si es necesaria una advertencia, es posible que tengamos que prevenirla. O si vemos peligro en la decisión (este pudiera ser el papel del «consejero sabio» de quien ya hemos hablado antes) es posible que queramos señalarlo. Pero, al final, la decisión debe ser entre la persona y el Señor, ya que es Dios quien da esa sensación de paz interior.

E: Esperar. Espere luchas y sorpresas al experimentar los resultados. «Hermanos míos, tenedlo por sumo gozo cuando os encontréis en diversas pruebas, sabiendo que la prueba de vuestra fe produce paciencia» (Santiago 1.2,3). A veces nos involucramos en situaciones que sabemos claramente que son la voluntad de Dios para nosotros. Reflexionamos, recibimos consejos de personas que respetamos, y tenemos paz en el asunto... y extrañamente, no han transcurrido dos semanas desde que nos involucramos cuando nos damos cuenta de que *¡aquello es un embrollo!* ¡Algo peliagudo! Así, pues, aun estando dentro de la voluntad de Dios se encontrarán sorpresas y luchas. Pero seguimos teniendo paz, sabiendo que somos la persona que supuestamente tendrá que enfrentar ese embrollo. Así es el plan de Dios. Es allí donde quiere usarnos. Pero eso no significa que no habrá misterios, ¡recuérdelo!

UN PAR DE CONSEJOS PRÁCTICOS

Me gustaría terminar este capítulo dando un par de sugerencias prácticas. Una tiene que ver con el secreto de conocer la voluntad de Dios, y la otra, con el éxito resultante de hacerla.

En primer lugar, el secreto de conocer la voluntad de Dios significa que debemos dejar atrás las excusas y los pretextos. ¿Recuerda la excusa de Jeremías? «¡Oh Señor Jehovah! He aquí que no sé hablar, porque soy muchacho» (Jeremías 1.6).

¿Pensaba Jeremías que Dios no lo sabía? Dios no le llama a usted a situaciones para compararlo con alguien más. Usted es llamado como un instrumento. Y en ese papel usted es, en el plan de Dios, invencible.

En segundo lugar, el éxito resultante de hacer la voluntad de Dios depende de Dios, no de usted.

Esto elimina toda tensión y toda fatiga. A veces, en medio de una situación, me siento tan incompetente, que la única paz que tengo es decir: «¡Escucha, Señor, aquí estoy otra vez, sin servir absolutamente para nada! ¡Recuerda que el plan fue tuyo desde el comienzo!»

Es aquí cuando vuelvo otra vez a mi investigación bíblica del manual de Dios, y encuentro cosas tales como la respuesta de Dios a la pobre excusa de Jeremías:

Pero Jehovah me dijo: No digas: Soy un muchacho; porque a todos a quienes yo te envíe tu irás, y todo lo que te mande dirás. No tengas temor de ellos, porque yo estaré contigo para librarte, dice Jehovah. Entonces Jehovah extendió su mano y tomó mi boca. Y me dijo Jehovah: He aquí, pongo mis palabras en tu boca ... Tú, pues, ciñe tus lomos y levántate; tú les dirás todo lo que yo te mande. No te amedrentes delante de ellos, no sea que yo te amedrente delante de ellos. Porque he aquí que yo te he puesto hoy como una ciudad fortificada, como una columna de hierro y como un muro de bronce contra todo el país, tanto para los reyes de Judá, como para sus magistrados, para sus sacerdotes y para el pueblo de la tierra. Lucharán contra ti, pero no te vencerán; porque yo estaré contigo para librarte, dice Jehovah (Jeremías 1.7-9,17-19).

No creo que sacamos de contexto a estos versículos cuando reclamamos tales cosas como nuestras al hacer la voluntad de Dios. Creo que estos versículos han sido preservados para nuestra meditación y aplicación, porque he visto que Dios hace exactamente lo que está diciendo aquí. Lo he visto tomar a pastores recién egresados del seminario y ponerlos en situaciones que exigen sabiduría, capacidades y dones más allá de sus años, y los he visto erigirse como muros de bronce. También he visto a mujeres que se han visto obligadas, ya sea por la muerte de su esposo o por un divorcio, a aceptar papeles y situaciones que nunca habían tenido antes. Y las he visto levantarse como columnas de hierro, siendo ellas las primeras sorprendidas por su capacidad de soportar las presiones... sorprendidas de que no han sido vencidas. ¡Es que cuando estamos en la voluntad del Padre, Él se crece!

Permítame volver una vez más a las reflexiones de Peterson sobre Jeremías. Puesto que él lo dice mejor que lo que yo pudiera hacerlo, prefiero que lea sus palabras.

Jeremías no se fortaleció desarrollando callos sobre su espíritu tan sensible. A través de toda su vida, él experimentó una increíble gama de emociones. Su espíritu, aparentemente, pasó por todo. Fue una de esas personas muy bien afinadas que registran y responden a los más leves temblores que se producen a su alrededor. Al mismo tiempo, fue totalmente sordo a las agresiones y a la burla, a la persecución y a la oposición.

La perfecta integración de fortaleza y sensibilidad, de firmeza y sentimiento, es algo muy raro. A veces vemos a personas sensibles que demuestran debilidad la mayor parte del tiempo; son personas que sangran profusamente ante la vista de la sangre, y cuya sensibilidad las incapacita para la acción en medio de la violenta crueldad del mundo. En contraste, hay otras personas que son rígidas moralistas, inflexibles, con una actitud farisaica. Jamás tienen ninguna duda en cuanto a sus posiciones dogmáticas. Pero sus principios son martillos que parten cráneos y golpean la carne. El mundo tiende un gran circuito alrededor de tales personas, en cuya compañía es peligroso estar durante mucho tiempo, ya que si detectan alguna debilidad mental o un titubeo moral en nosotros seremos muy afortunados de escapar sin, al menos, un dolor de cabeza.

Pero Jeremías no fue así. Educado por la vara de almendro, su sensibilidad interior a lo personal, ya se tratara de Dios o del hombre, se profundizó y se desarrolló. Educado por la olla hirviente, su capacidad exterior para tratar con la maldad deshumanizante y para oponerse a la intimidación privadora de la personalidad, se volvió invencible. Él fue «una ciudad fortificada, una columna de hierro, un muro de bronce.» Nada malo para alguien que comenzó siendo solo «un muchacho.»[4]

Permítame que lo anime a no precipitarse, como lo hizo Jeremías, contándole a Dios su insuficiencia. ¿Usted piensa que Él no lo sabe? ¡*Todos nosotros somos insuficientes!* Si no lo fuéramos, no necesitaríamos de Dios.

Nuestro consuelo está en saber que Dios todo lo hace bien, incluso su plan para nuestras vidas. La misericordia del Señor corre deprisa en rescate nuestro. Él es tolerante y paciente más allá de lo que somos capaces de imaginar, y está empeñado por completo en utilizarnos a pesar de todas nuestras imperfecciones.

Parte II

Las bendiciones de la voluntad de Dios

No te aflijas por no entender el misterio de la vida;
detrás del velo se ocultan muchos goces.
—*Hafiz, en Divan* [Diván]

7

La admirable misericordia de Dios

Confiemos el pasado a la misericordia de Dios,
el presente a su amor, y el futuro a su providencia.
—San Agustín, en *Confesiones*

¿Qué valor tiene la compasión que no toma
a su objeto en sus brazos?

—Saint-Exupéry, *The Wisdom of the Saints*
[La sabiduría de los Santos]

Capítulo siete

La admirable misericordia de Dios

Hace varios años, mi hermana Luci me hizo una pregunta que nunca antes me habían hecho: «¿Cuál es tu sensación favorita?» ¿Ha pensado usted en algo así? Mi respuesta a ella fue: «Creo que mi sensación favorita es la sensación de realización.» (Suena como la respuesta de un fanático del éxito, ¿no le parece?) Me gusta la sensación de lograr las cosas. «Terminado» es una de mis palabras favoritas.

Cuando le pedí que respondiera la misma pregunta, ella dijo: «Mi sensación favorita es la del alivio.»

Pienso que esa fue una gran respuesta. En realidad, ¡mejor que la mía! Cuando fui después al diccionario, encontré que la sensación de alivio significa «la eliminación o aligeramiento de algo opresivo, doloroso o angustiante.»

Cuando tenemos un dolor físico, el alivio significa que el dolor se calma.

Cuando estamos emocionalmente perturbados, el alivio nos calma dándonos una sensación de satisfacción.

Cuando tenemos un sentimiento de culpa por algún pecado y buscamos el perdón de Dios, la culpa que nos devoraba como un cáncer por dentro se marcha cuando Dios trae alivio.

Cuando hay una relación de tirantez, quizás con alguien con quien tuvimos una vez una relación muy estrecha, no sentimos alivio hasta que hayamos pasado por el doloroso proceso de arreglar las cosas con esa persona.

Cuando estamos agobiados por una deuda muy grande, pagarla nos produce una dulce sensación de alivio.

En el capítulo 5 vimos que el soberano Dios Altísimo es el gobernante de nuestras vidas. Por consiguiente, es obvio que cuando tenemos el sentimiento de alivio es Dios quien nos lo ha dado. Él es el autor del alivio. Él es quien nos concede la paz, la satisfacción y el sosiego. En realidad, pienso que el alivio es un sinónimo maravilloso de misericordia. La misericordia es la compasión activa de Dios que Él muestra al desdichado. Cuando estamos en tiempos de profunda aflicción y Dios activa su compasión para darnos alivio, estamos experimentando su misericordia.

La misericordia no es piedad pasiva, ni simple comprensión. No es simplemente pesar, sino una acción divina a favor nuestro a través de la cual Dios nos produce una sensación de alivio. Dios, nuestro compasivo y bondadoso Padre celestial, es el autor del alivio. Y cuando llegan esos tiempos misteriosos y de confusión en los que hacer su voluntad, da como resultado algo inesperado, no hay como la misericordia para hacerlos tolerables.

LA MISERICORDIA: NUESTRA FUENTE DE ALIVIO

Lo hermoso acerca de la misericordia es que se le demuestra tanto al ofensor como a la víctima. Cuando el ofensor se da cuenta de su error, Dios le muestra su misericordia. Y cuando la víctima necesita ayuda para seguir adelante, Dios le concede también su misericordia.

En cuanto a vosotros, estabais muertos en vuestros delitos y pecados, en los cuales anduvisteis en otro tiempo, conforme a la corriente de este mundo y al príncipe de la potestad del aire, el espíritu que ahora actúa en los hijos de desobediencia. En otro tiempo todos nosotros vivimos entre ellos en las pasiones de nuestra carne, haciendo la voluntad de la carne y de la mente; y por naturaleza éramos hijos de ira, como los demás. Pero Dios, quien es rico en misericordia, a causa de su gran amor con que nos amó, aun estando nosotros muertos en delitos, nos dio vida juntamente con Cristo. ¡Por gracia sois salvos! Y juntamente con Cristo Jesús, nos resucitó y nos hizo sentar en los lugares celestiales, para mostrar en las edades venideras las superabundantes riquezas de su gracia, por su bondad hacia nosotros en Cristo Jesús (Efesios 2.1-7).

«Pero Dios», escribe el apóstol, «es rico en misericordia.» El eslabón que conecta a un Dios santo con una persona pecadora es el amor de Dios, eslabón que activa su gracia, la que, a su vez, pone en movimiento su misericordia. Son como unas divinas piezas de dominó dando unas contra otras. Dios nos ama, no por causa de algo que haya en nosotros, sino por causa de algo que hay en Él, y en su amor demuestra su gracia, la cual trae perdón. Encima de eso, la gracia produce misericordia... y hay entonces *¡alivio!*

Para hacerlo aun más personal, veamos el propio testimonio de Pablo en 1 Timoteo 1.12,13. En Efesios 2, él escribe de todos. Pero en 1 Timoteo 1 lo hace de sí mismo:

Doy gracias al que me dio la fuerza, a Cristo Jesús, nuestro Señor, por haberme creído digno de confianza al colocarme en el ministerio, a pesar de que fui primero blasfemo, perseguidor y furioso contradictor. Pero me tuvo compasión porque entonces no tenía yo la fe y no sabía lo que hacía (La Nueva Biblia Latinoamericana [Ediciones Paulinas]).

Observe atentamente estas descripciones de la anterior vida de Pablo. Él dice, en primer lugar, «Antes fui blasfemo.» Esta palabra significa «insultador.» Está diciendo: «Yo insulté al pueblo de Dios. Estaba enfurecido contra los cristianos. Los acusaba de delitos contra Dios. Yo era un blasfemo.»

Luego, «fui un perseguidor.» Se valió de todos los medios que tenía a su disposición, bajo la ley judía, para atropellar, humillar y aun aniquilar a los cristianos.

Finalmente, su terrible admisión: «Fui un furioso contradictor.» Esta palabra griega sugiere una clase de «sadismo arrogante.» Describe a una persona dedicada a infligir dolor y heridas por el solo placer de hacerlo. «Me encantaba hacerlos retorcer de dolor. Me encantaba verlos gritar. ¡Me encantaba verlos extirpados de este mundo!»

Nosotros, por lo general, no pensamos de Pablo en estos términos, pero es así como él se describe delante de Cristo. Y para que no seamos demasiado severos juzgando a Pablo («¡Qué vergüenza, Pablo, qué vergüenza!»), reconozcamos que todos llevamos por dentro esa misma naturaleza. Es posible que no se manifieste por medio de este tipo de acciones, pero sí de otras maneras. La mayoría de nosotros podemos recordar actos de crueldad que hemos cometido, de modo que lo que es cierto para el apóstol también lo es para nosotros. Pero Dios le mostró su misericordia, y Él también nos la muestra a nosotros. (¡Qué alivio tan grande!)

¿Puede usted imaginar cómo debió haber estado la conciencia de Pablo cuando el Señor se encontró con él en el camino a Damasco? ¿Puede imaginar su sentimiento de culpa? ¿Puede imaginar lo que sintió cuando hizo un repaso mental de su vida mientras estaba ciego, antes de conocer el plan de Dios para su vida? ¿Puede imaginar cómo se sentía? ¿Puede imaginar cómo se sentía pensando en la perversidad de su angustioso pasado? ¿Y cuando escuchó decir a Dios: «Quiero utilizarte en mi servicio, Saulo»?

John Newton conoció esta misma clase de angustia, la cual reveló al componer su epitafio para su tumba:

John Newton, Escribiente,
una vez Infiel y Libertino

funcionario esclavista en África,
que fue, por la Misericordia de nuestro Señor y Salvador
Jesucristo,
Preservado, Restaurado, Perdonado,
y Designado para Predicar la Fe
que por tanto tiempo se empeñó en destruir.[1]

Algunos de ustedes han sido cristianos durante tanto tiempo que han olvidado lo que eran antes de conocer a Cristo. ¿Pudiera eso explicar la razón por la que siguen siendo todavía tan soberbios? Quizás a eso se deba que el Señor tenga que pasar tanto tiempo extra tratando de captar su atención. Han olvidado lo indignos que son de su gracia; han olvidado su misericordia.

Me encanta la carta que un anciano puritano, Thomas Goodwin, le escribió a su hijo:

Cuando sobre mí se cernía la amenaza de enfriarme en mi ministerio, y cuando sentía la proximidad del Día del Señor y mi corazón no rebosaba de asombro por la gracia de Dios, o cuando me preparaba para servir la Cena del Señor, ¿sabes lo que acostumbraba hacer? Solía hacer un recorrido mental de los pecados de mi vida pasada, y siempre lograba tener un corazón contrito y quebrantado, listo para predicar, como siempre se ha predicado desde el comienzo, el perdón de los pecados. No creo que jamás me dirigí a los peldaños de la escalera para subir al púlpito sin antes detenerme por un momento al pie de ellos para hacer un repaso mental de los pecados de mis años pasados. Tampoco creo que jamás preparé un sermón sin antes dar una vuelta alrededor de mi mesa de estudio y pensar en los pecados de mi juventud y de toda mi vida hasta el presente. Y muchos domingos por la mañana, cuando mi alma estaba seca y fría por la falta de oración durante la semana, el repaso mental de mi vida pasada que hacía antes de subir al púlpito quebrantaba mi duro corazón y aplicaba el evangelio a mi propia alma antes de que comenzara a predicar.[2]

Lo maravilloso de los escritos del apóstol Pablo es que él volvía con frecuencia a los pecados de su pasado. Él me recuerda lo que Caridad dice a los niños cristianos en la segunda parte del *Progreso del Peregrino*: «Deben saber que Desmemoriado es el sitio más peligroso de todos estos lugares.»

Procure, entonces, no olvidar lo que fue su ida antes de venir a Cristo, y será un visitante frecuente del portal de la misericordia.

ALIVIO PARA CINCO AFLICCIONES

En el Antiguo Testamento, la palabra hebrea para referirse a «misericordia» es *jesed*. Es una excelente palabra que a veces es traducida como «benevolencia» o simplemente «bondad.» Cuando investigué esta palabra *jesed* a través de las escrituras del Antiguo Testamento, encontré al menos cinco diferentes aflicciones a las cuales la misericordia da alivio. Es como esa propaganda comercial en los Estados Unidos de un producto para los ojos llamado *Visine*, que dice: «Le quita el rojo.» La misericordia de Dios quita, misteriosamente, el rojo de la aflicción de nuestra vida.

La primera aflicción a la cual la misericordia da alivio es a la aflicción producto del trato injusto. Como ejemplo de esto, solo tenemos que ver a José, un hombre excelente y piadoso que fue acusado falsamente.

La mujer de Potifar había estado persiguiendo a José todo el tiempo, y todas las veces era rechazada por este. Por fin, un día lo arrincona estando solos en la casa, con las puertas bajo llave, cuando ya se habían retirado los criados, y estando la habitación en penumbra. La mujer, seductoramente le susurra: «Acuéstate conmigo.» José la mira a los ojos y se niega... y después arranca a correr desesperadamente para ponerse a salvo. Ella se pone tan furiosa que se agarra de él, le arranca un pedazo de su vestidura, y grita: «¡Auxilio, un violador!» Potifar, su marido, se entera de lo ocurrido, y José va a parar a la cárcel, aunque él jamás había tocado a la mujer. La historia se encuentra en Génesis 39. Después, al final de este relato, aparece la *jesed*:

Pero Jehovah estaba con José; le extendió su misericordia y le dio gracia ante los ojos del encargado de la cárcel (Génesis 39.21).

¿Dónde apareció la misericordia? En la celda de una cárcel. El Señor visitó a José en un calabozo egipcio y lo alivió de la aflicción producto de un trato injusto. Dios ministró al corazón de José y evitó que se llenara de amargura, e incluso «le dio gracia ante los ojos del encargado de la cárcel.»

Chuck Colson me ha contado historia tras historia de lo que es la vida detrás de los barrotes de una cárcel, tanto por la experiencia vivida por él, como por su trabajo en las prisiones donde ha ministrado a través de los años. Cada vez que escucho sus relatos, siento fluir en mí la misericordia cuando describe cada escena que suele producirse en esas oscuras celdas en las que solo hay soledad y sufrimiento.

José estuvo en un lugar así en el que necesitó mucho estímulo, y Dios le demostró *jesed*. Dios le dio su misericordia.

Quizás usted no está en una cárcel, pero es posible que esté pasando por un tiempo de críticas injustas, a pesar de que ha estado obedeciendo al Señor y siguiendo su dirección. Usted sabe que está dentro de su voluntad, pero ahora se encuentra necesitando de su *jesed* porque está sufriendo las consecuencias de un trato injusto. Está necesitando la clase de alivio que solo Dios puede dar, el mismo que el Señor le brindó a José cuando se encontraba en aquella celda egipcia.

Sepa que cuando usted ha sido olvidado por aquellos que debieran recordarlo; que cuando alguien no le cumple la promesa que le ha hecho; que cuando se ha quedado solo y usted (solo usted) sabe que su corazón es justo, Dios le dará su misericordia. Él le dará alivio, y Él estará con usted en su soledad.

La segunda aflicción a la cual la misericordia da alivio es a la aflicción por la muerte de un ser querido. El libro de Rut nos proporciona un maravilloso ejemplo de esto.

El libro de Rut comienza, en realidad, con la historia de Elimelec y Noemí y de sus tres hijos. Casi inmediatamente leemos que el esposo de Noemí muere, aparentemente a una edad relativamente joven, y ella se queda sola con la responsabilidad de criar a sus dos hijos. Cuando estos son adultos, ambos se casan con mujeres moabitas, Orfa y Rut. Unos diez años más tarde, ambos hijos de Noemí mueren, y de repente la familia consiste de tres viudas: de una suegra llamada Noemí y de dos nueras, Rut y Orfa, que lamentan las muertes de sus seres queridos.

Imagine lo que fue eso. Noemí está probablemente tratando de recobrarse de la pérdida de su esposo, y ahora tiene que enfrentar la pérdida de sus hijos; por su parte, las nueras han perdido a sus esposos. Son muchas muertes en una sola familia, por lo que la necesidad de *jesed* es inmensa. Las personas necesitan de la misericordia de Dios cuando el pesar invade sus vidas... aun cuando se encuentren dentro de la voluntad del Padre.

Entonces Noemí dijo a sus dos nueras: Id y volveos, cada una a la casa de su madre. Que Jehovah haga misericordia con vosotras, como la habéis hecho vosotras con los difuntos y conmigo. Jehovah os conceda hallar descanso, cada una en la casa de su marido. Luego las besó, y ellas alzaron su voz y lloraron (Rut 1.8,9).

Noemí les dice: «Que el Señor les dé misericordia en su tristeza. Que el Señor las ayude cuando el dolor sea tan grande que no sepan a dónde ir y cuando las luces se apaguen en la noche y no tengan a nadie cerca que las rodee con sus brazos.»

Es fácil dejar pasar muy rápidamente esto, especialmente si no hemos tenido últimamente un período de aflicción. Pero en algún momento todos nosotros lo tendremos. Y cuando eso ocurra, recuerde que Dios tiene una misericordia especial para los que se han quedado viudos, y para los padres que han perdido a sus hijos, o hijos que han perdido a sus padres.

Esto fue lo que sucedió el 20 de abril de 1999 en Littleton, Colorado, cuando familias destrozadas por el dolor experimentaron el horror de saber que sus hijos, sus hijas, y un padre de familia habían sido asesinados a balazos. Esa mañana, las familias los vieron salir de sus casas... y esa noche estaban todas en una funeraria, llenas de congoja. Si alguna vez hizo falta la misericordia de Dios, fue precisamente entonces. ¿Quién podría jamás explicar que un hecho tan trágico pudiera ser parte de la voluntad permisiva de Dios? Pero la misericordia de Dios mitiga esos crueles momentos de confusión.

Es posible que la voluntad de Dios sea que usted se convierta en una Noemí; que sea esa persona que ponga sus brazos alrededor de los que están sufriendo y les traiga alivio. En circunstancias así, la gente necesita de una compasión sincera y profunda; necesitan de nuestra amorosa presencia. Es por eso que durante tiempos de aflicción Dios utiliza a personas como nosotras para que brindemos su *jesed* a los que sufren y están batallando con su aflicción.

La tercera aflicción a la cual la misericordia da alivio es a la aflicción que produce una limitación física. Para ver un maravilloso ejemplo de esto, solo tenemos que ir a 2 Samuel 9. Este capítulo se ha convertido en uno de mis favoritos del Antiguo Testamento, y gira en torno a un hombre llamado Mefiboset.

Mefiboset era nieto del rey Saúl. De acuerdo con una costumbre antigua, cuando un rey moría y comenzaba a gobernar una nueva dinastía, todos los descendientes del rey anterior eran aniquilados. De modo que, cuando la nodriza de Mefiboset se enteró de que tanto Saúl como Jonatán (este último el padre de Mefiboset) habían sido asesinados, tomó el asunto en sus manos.

Jonatán hijo de Saúl tenía un hijo lisiado de los pies. Tenía cinco años cuando la noticia de la muerte de Saúl y de Jonatán llegó de Jezreel, y su nodriza lo tomó y huyó. Y sucedió que cuando huía apresuradamente, el niño se cayó y quedó cojo. Él se llamaba Mefiboset (2 Samuel 4.4).

Ahora bien, yo no creo que David hubiera permitido que ese muchacho sufriera algún daño, ya que, después de todo, era el hijo de su querido amigo Jonatán. Si embargo, por no saberlo, el joven estuvo escondido del rey durante años. Lisiado y olvidado de todos, vivía una vida de anonimato en un lugar llamado Lo-debar, que traducido significa «tierra sin pastos», una vívida descripción de un lugar seco y estéril.

Un día, de repente, en medio de toda su gloria y prosperidad, David se acuerda de su querido amigo Jonatán, pensando posiblemente en lo mucho que lo extraña, tal vez incluso afligido todavía por la muerte de su amigo.

Entonces David preguntó: ¿Hay todavía alguno que haya quedado de la casa de Saúl, a quien yo muestre bondad por amor a Jonatán? Había un siervo de la casa de Saúl que se llamaba Siba, al cual llamaron a la presencia de David. Y el rey le preguntó ... ¿No queda nadie de la casa de Saúl a quien yo pueda mostrar la bondad de Dios? Siba respondió al rey: Aún queda un hijo de Jonatán, lisiado de ambos pies (2 Samuel 9.1-3).

La Biblia no nos dice qué estaba pasando por la mente de Siba, pero quizás estaba pensando: «Será mejor que le advierta al rey que Mefiboset es un lisiado, porque es posible que quiera reconsiderar su petición.» Pero si eso es lo que estaba pensando, no conocía a David ni al Dios de David, quien tiene un lugar especial en su corazón para los incapacitados.

Al rey se le conmueve el corazón. Eso es algo que me encanta. Él no dice: «Ah, ¿de verdad? ¿Y qué tan grave es su incapacidad?» Tampoco dice: «¿Usa el joven muletas? ¿No puede caminar en absoluto?» No. Por el contrario, se apresura a decir: «¿Dónde está?»

Entonces le preguntó el rey: ¿Dónde está? ... El rey David envió a traerlo de la casa de Maquir hijo de Amiel, de Lo-debar. Entonces Mefiboset hijo de Jonatán, hijo de Saúl, vino a David, y cayendo sobre su rostro se postró. David le dijo: ¿Mefiboset? Y él respondió: He aquí tu siervo (2 Samuel 9.4-6).

Mefiboset esperaba probablemente que le dieran muerte. Pero David le muestra su misericordia... la admirable *jesed* de Dios.

David le dijo: No tengas temor, porque ciertamente yo te mostraré bondad [*jesed,* aquí aparece de nuevo esta maravillosa palabra] por amor a tu padre Jonatán. Te devolveré todas las tierras de tu padre Saúl, y tú comerás siempre a mi mesa (2 Samuel 9.7).

David fue, en realidad, mucho más allá, ya que no solamente le mostró misericordia a Mefiboset por causa de su padre (el amigo de David), sino que también le devolvió todas las tierras que habían pertenecido a su abuelo Saúl (el enemigo de David). Y si eso no era aún suficiente, David lo convirtió en parte de su familia. «En mi mesa siempre habrá un lugar para ti», le dijo.

Para nosotros es muy fácil, en un momento de descuido, tratar con lástima o condescendencia a aquellos que tienen limitaciones físicas o emocionales, como si fueran menos que seres humanos. Incluso Mefiboset se refirió a sí mismo como «un perro muerto» (2 Samuel 9.8), reflejando así el tipo de autocompasión o falta de autoestima que a veces acompaña a una persona que está incapacitada. Pero David lo veía de una forma diferente:

Y Mefiboset comía a la mesa de David como uno de los hijos del rey ... Mefiboset habitaba en Jerusalén, porque comía siempre a la mesa del rey. Él era cojo de ambos pies (2 Samuel 9.11, 13).

¿No es eso *magnífico*? Aun mejor, ¿no es eso misericordia? Me encanta la historia verídica de un hombre que predicó sobre este pasaje, y dijo al concluir el sermón: «Y el mantel cubría sus pies.»

Todas las tardes, en el momento de la cena, estaban allí el fornido Joab (con toda su gallardía militar), el apuesto Absalón, y todos los demás miembros de la familia de David. Luego, mientras esperaban para sentarse a la mesa, escuchaban el sonido producido por unas muletas y el arrastrar de unos pies, hasta que Mefiboset se sentaba. Y el mantel cubría sus pies.

Dios tiene una misericordia especial para los minusválidos... y, permítame agregar, para todos aquellos que ministran a los minusválidos. Para hacer esto hace falta una misericordia especial; se necesita de una misericordia especial.

El año pasado, mientras conducía por una autopista, noté que un automóvil que iba delante de mí tenía una matrícula personalizada. Me llamó la atención porque la placa decía *«Jesed»* (la palabra hebrea que significa misericordia). Después noté, porque ambos tomamos la misma salida y yo me detuve justo detrás del automóvil, en un semáforo, que sobre uno de los guardafangos del coche del hombre había un letrero de minusválido. Era como si la matrícula anunciara: «Necesito de su misericordia. Téngame paciencia. Téngame jesed.»

La cuarta aflicción a la cual la misericordia da alivio es a la aflicción del sufrimiento físico. Nadie ejemplifica esto mejor que nuestro viejo amigo Job:

Mi alma está hastiada de mi vida. Daré rienda suelta a mi queja; hablará en la amargura de mi alma. Diré a Dios: No me condenes; hazme entender por qué contiendes conmigo. ¿Te parece bueno oprimir y desechar la obra de tus manos, mientras resplandeces sobre el consejo de los impíos? ¿Acaso tus ojos son humanos? ¿Acaso ves como ve un hombre? ¿Son tus días como los días de un hombre; o tus años, como los días de un mortal, para que indagues mi iniquidad e inquieras por mi pecado? (Job 10.1-6).

Aquí tenemos a un hombre a quien ya hemos visto antes, a un hombre que se encuentra en una tremenda aflicción, tanto física como emocional. Imagínese que se encuentra en un hospital visitando un pabellón de enfermos de cáncer, donde se halla una persona que se está muriendo en medio de un dolor insoportable, y que en medio de la atrocidad de su dolor físico, dice estas palabras: «¿Por qué tengo que vivir con tanto sufrimiento? ¡Cuánto mejor habría sido que no hubiera nacido!» Así es como se sentía Job.

Pero veamos lo que dice el versículo 12:

Vida y misericordia [*jesed*] me concediste, y tu cuidado guardó mi espíritu (Job 10.12).

Aun en medio de la lucha de Job con el misterioso plan de Dios, desde su aflicción surge la admirable presencia de la misericordia (*jesed*) divina.

Si usted estuvo alguna vez cerca de alguien que estaba soportando un prolongado tiempo de sufrimiento, o si usted mismo ha tenido que soportar ese sufrimiento, sabe que hay breves descansos en los que la misericordia de Dios viene sobre uno como una suave lluvia de alivio que lava la tristeza y el abatimiento. ¡Qué sensación tan placentera!

Aquí no estamos hablando de un impedimento físico, sino de un período de aflicción física. Esto es lo que Job estaba experimentando. Pero dice en su aflicción: «Me has concedido vida y mes has dado tu misericordia para que continúe, para que pueda soportar.»

Tengo un buen amigo que estuvo al pie de la cama de su esposa durante casi un año, mientras que ella moría a causa de un cáncer ovárico. Me contó las muchas ocasiones en que el Señor le dio a ella su misericordioso alivio del dolor. Dijo que era como si un ángel de misericordia hubiera estado flotando en la habitación.

Cuando estamos sufriendo las consecuencias de un trato injusto, allí se hace presente la misericordia de Dios. Cuando estamos soportando el dolor de la pérdida de un ser querido, allí está la misericordia de Dios. Cuando estamos sufriendo por causa de alguna dolencia física, allí está la misericordia. Todas estas luchas terrenales que ocurren no son accidentes. Dios está en medio de ellas, llevando a cabo su soberana voluntad. Sí, es un misterio, lo cual significa que necesitamos de una misericordia especial para soportar la aflicción y el sufrimiento del dolor.

La quinta aflicción a la cual la misericordia da alivio es a la aflicción que se experimenta por el sentimiento de culpa. Aquí volvemos de nuevo a David, quien nos ofrece un claro atisbo de lo que es el alma torturada de un hombre que tiene un sentimiento de culpa. Tal vez la parte más descriptiva de toda la Biblia en cuanto a la aflicción que produce el pecado oculto, y el alivio que resulta de la culpa confesada, se encuentra en dos de los salmos de David.

Bienaventurado aquel cuya transgresión ha sido perdonada, y ha sido cubierto su pecado. Bienaventurado el hombre a quien Jehovah no atribuye iniquidad, y en cuyo espíritu no hay engaño. Mientras callé, se envejecieron mis huesos en mi gemir, todo el día. Porque de día y de noche se agravó sobre mí tu mano; mi vigor se convirtió en sequedades de verano (Salmo 32.1-4).

Cuando usted engaña a los que están a su alrededor, está viviendo una mentira. Y cuando un hijo de Dios trata de ocultar su pecado, el sentimiento de culpa prácticamente lo devora. Pero cuando usted finalmente enfrenta su pecado y lo confiesa, cuando se declara culpable, «la misericordia [de Dios], su admirable *jesed*, [le] cercará.»

Mi pecado te declaré y no encubrí mi iniquidad. Dije:

Confesaré mis rebeliones a Jehovah. Y tú perdonaste la maldad de mi pecado ... Muchos dolores tendrá el impío; pero la misericordia rodeará al que espera en Jehovah (Salmo 32.5,10).

En el salmo 51 vemos este mismo patrón, el mismo contexto, el mismo hombre y los mismos pecados. En realidad, usted puede mirar su Biblia y ver el sobrescrito, justo debajo del título del salmo, que dice: «Salmo de David, cuando el profeta Natán fue a él, después que David tuvo relaciones con Betsabé.» Ya habían transcurrido varios días después que David había cometido adulterio y había puesto a Urías, el esposo de Betsabé, en el lugar más peligroso de la batalla donde seguramente lo matarían. David se estuvo felicitando a sí mismo por sus pecados secretos hasta el día en que Natán se le enfrentó valientemente, y mirándole directamente los ojos, le dijo: «¡Tú eres ese hombre!» La respuesta de David, registrada en este salmo, fue: «Ten piedad de mí, oh Dios, conforme a tu *jesed.*»

Ten piedad de mí, oh Dios, conforme a tu misericordia. Por tu abundante compasión, borra mis rebeliones (Salmo 51.1).

«Señor, estoy a merced tuya», clamó David. «Señor, necesito de tu misericordia. Te imploro tu misericordia.» Y Dios se la concedió.

¿Recuerda la última parte del gran Salmo 23 de David?

Ciertamente el bien y la misericordia me seguirán todos los días de mi vida, y en la casa de Jehovah moraré por días sin fin (Salmo 23.6).

Sí, el bien y la misericordia (*jesed*) de Dios.

Un excepcional comentarista bíblico dijo una vez que, dado que este salmo fue escrito desde el punto de vista de un pastor y su rebaño, este último versículo pudiera representar a los perros ovejeros de Dios llamados «Bien» y «Misericordia.»

Oveja de Dios: ¿se da usted cuenta de que estos dos fieles «perros» le guardan y se preocupan por usted? La presencia de ellos nos recuerda que ha llegado el alivio. Ellos nos arriman con su hocico hacia la sombra del Pastor, quien misericordiosamente nos acoge y nos perdona.

LAS TIERNAS MISERICORDIAS DE DIOS

Si soy tratado injustamente, la misericordia de Dios alivia mi amargura. Eso es lo que sucede cuando la *jesed* llega a mi celda. He estado en un calabozo de trato injusto. La amargura se ha convertido en mi enemiga, pero la misericordia la alivia. La misericordia alivia mi corazón de la amargura y puedo soportar cualquier cosa que me caiga en suerte.

Si me aflijo por la muerte de un ser querido, la *jesed* de Dios alivia mi enojo. Muchas veces esa es parte de la aflicción que no queremos reconocer (especialmente el enojo que sentimos contra la persona que ha partido, y el enojo contra Dios por haberse llevado a nuestro ser amado). La misericordia alivia nuestro enojo. No instantáneamente, pero sí finalmente.

Si lucho contra una limitación física, la *jesed* de Dios alivia mi autocompasión. Esta (la autocompasión) puede ser una de las grandes enemigas de los minusválidos. Cuando finalmente estos enfrentan su situación y reconocen la misericordia de Dios, están preparados para hacer grandes cosas para Él. Pero hace falta su misericordia para que estas personas superen el obstáculo de la autocompasión.

Si soporto dolor físico o emocional, la *jesed* alivia mi impotencia. El gran temor de las personas sometidas por mucho tiempo al dolor, es la profunda angustia de que no podrán seguir adelante; de que no volverá a haber una mañana brillante para ellos; de que el alivio parece haber desaparecido para siempre.

Si tengo que lidiar con mis acciones pecaminosas, la *jesed* de Dios alivia mi sentimiento de culpa. La gracia me produce perdón, pero no hace nada en cuanto a mi culpa. Es necesaria la misericordia para aliviar mi culpa.

Me encantan las palabras del viejo himno «Día en Día»:

Oh mi Dios, yo encuentro cada día
Tu poder en todo sinsabor;
Por la fe en tu sabiduría
Libre soy de pena y de temor.
Tu bondad, Señor, es infinita,
Tú me das aquello que es mejor;
Por tu amor alíviense mis quejas
Y hallo paz en el dolor.[3]
(Himnario Bautista, No. 364)

Muchas veces nos vemos en situaciones de aflicción... misteriosamente. Pero la misericordia de Dios, admirablemente, nos trae el alivio que tan desesperadamente necesitamos.

Una de mis películas favoritas de todos los tiempos es *Tiernas misericordias*. Es la historia de dos personas totalmente opuestas que se casan. Mac, es un hombre que ha perdido la batalla contra el alcohol, y la mujer es una joven viuda cuyo esposo fue muerto en Vietnam mientras ella estaba embarazada con su primer y único hijo varón. Después que se casan, Mac tiene su lucha con la bebida, pero ella jamás lo amenaza y nunca le hace grandes demandas. Ella espera tranquila, benevolente y pacientemente, con tierna misericordia, que el Señor cambie a su esposo.

La historia llega a su clímax cuando Mac, en un ataque de depresión, sale a la calle en su camioneta a comprar una botella de alcohol, seguramente para irse de parranda. Pero regresa a la casa tarde en la noche y encuentra a su esposa acostada, citando versículos de la Biblia para darse ánimo mientras él se encontraba en la calle. Entra en la habitación, y le dice: «Compré una botella, pero la derramé. No bebí nada.» A partir de ese momento, su vida comienza a levantarse.

Es, pues, la sencilla historia de una mujer que ama a Dios,

que por ese amor a Dios ama a su esposo, y que a través de una tierna misericordia lo gana para el Señor. El hombre termina en las aguas del bautismo, junto con el niñito, su hijastro. Tiernas misericordias. La justicia es suavizada por la misericordia, y la misericordia esta envuelta en la ternura.

Cuando Dios ordenó a los israelitas que construyeran el tabernáculo, les dijo que fabricaran un mueble especial para el lugar más santo de todos. No era sencillamente un lugar santo, sino el más santo de todos, el Lugar Santísimo, oculto y bien resguardado detrás de una gruesa cortina, donde descansaba la presencia de Dios. Este mueble era una caja sagrada llamada arca, en la cual los israelitas habrían de poner las tablas de la Ley y la vara de Aarón que había florecido.

Sobre esta arca había una cubierta, y sobre esta cubierta estaban colocados dos ángeles hechos de oro, llamados querubines, uno en cada extremo del arca, con sus fuertes alas de oro extendidas el uno hacia el otro. Este lugar donde estaban los querubines era el más íntimo del tabernáculo porque allí estaba la cubierta del arca sobre la cual era derramada la sangre, siglo tras siglo. Este lugar tan íntimo fue llamado, con toda razón, «el propiciatorio» («asiento de misericordia»). Cuando la sangre era derramada sobre el arca, Dios quedaba satisfecho. Su ira se aplacaba cuando emergía su misericordia.

Frances Schaeffer escribe: «Fue [Martín] Lutero, cuando trajo el Antiguo Testamento al alemán, el primero que utilizó la palabra "asiento de misericordia". Esta es una hermosa frase poética, pero que también comunica exactamente lo que la cubierta del arca realmente era: un lugar de misericordia.»[4] No era simplemente el lugar de una Ley rígida y exigente, sino que se convirtió en un lugar de tierna y perdonadora misericordia.

Como pueblo de Dios, debemos ser el pueblo de la misericordia. Al igual que la esposa de la película, debemos reducir nuestras demandas y aumentar nuestra compasión, así como nuestro Dios lo hace tantas veces con nosotros. Sus tiernas misericordias contrabalancean divinamente su soberanía, su justicia y su santidad.

¡Qué misterio tan grande! Dios, quien tiene todas las razones del mundo para condenarnos por nuestras iniquidades, nos concede su misericordia por su gracia. Misericordia llena de perdón. Misericordia envuelta en amor. La admirable *jesed* de Dios, que no merecemos... pero en la cual encontramos un gran alivio.

La misteriosa inmutabilidad de Dios

Detrás de la oscuridad ignota está Dios,
inmerso en las sombras, velando por los suyos.
—*James Rusell Lowell, en The Present Crisis*
[La crisis presente]

Una sola cosa sé: Que hay un Padre Celestial que da a todos.

—Milton, en *El Paraíso Perdido*.

Capítulo ocho

La misteriosa inmutabilidad de Dios

Ningún libro sobre la misteriosa naturaleza de la voluntad de Dios estaría completo si no tiene varios capítulos que traten de la misteriosa naturaleza de Dios. Nos hallamos ahora en medio de esto, al seguir escudriñando las Escrituras en cuanto a este fascinante tema.

Como ya hemos dicho una y otra vez, nos resulta imposible comprender cabalmente al Único que adoramos y glorificamos, y cuya voluntad deseamos obedecer. Él es infinito. También es nuestro soberano Señor, un hecho que ya hemos establecido con claras evidencias de las Escrituras. Y Él rebosa de tierna misericordia, aunque a veces cuestionemos eso, dada nuestra miope perspectiva de la vida.

A más de eso, este Único, cuya voluntad parece muchas veces confusa y misteriosa, es fiel hasta el fin... y consistente e inmutablemente el mismo. Por más extraño que parezca, nuestro Dios sigue siendo fiel, constante y omnipresente en nuestras vidas y sobre estas, aun cuando no podemos sentir su presencia, aun cuando cuestionemos su plan... aun cuando lo hayamos desobedecido, ignorándolo regiamente y sufriendo por ello las consecuencias.

Esto no solo es cierto en el ámbito personal, sino también nacional. Una nación puede caer en una serie de concesiones morales que la llevarán a trágicas consecuencias, y estas consecuencias pueden agravarse a tal grado que todo se vuelve un caos. Esto fue lo que sucedió con los antiguos judíos. Realmente, Oseas el profeta lo llamó «cosecha de torbellino.»

> Porque han sembrado viento, cosecharán torbellino (Oseas 8.7).

El profeta esta refiriéndose a su pueblo que había extraviado el camino. ¿Por qué había sucedido esto? Moisés les había dicho bien claro, como advertencia, cuando salieron de Egipto y entraron a Canaán: «Ustedes están entrando a una cultura que es idólatra.» Lo que quiso decirles, en realidad, fue: «Ellos tienen un estilo de vida que es contrario al estilo de vida monoteísta de ustedes. Manténganse fieles. Manténganse firmes. Sean distintos. No claudiquen. No adoren ídolos. No se casen con esa gente. Acuérdense de Jehovah. Obedezcan solo a Él. ¡Tengan mucho cuidado con cualquier señal de deterioro!»

No pasó mucho tiempo sin que los hebreos olvidaran esas advertencias. Algunos de ellos conservaron ídolos cananeos. Es posible que no los hayan adorado al comienzo. En realidad, probablemente los lanzaron a un rincón. Pero, ¿por qué no conservarlos? Después de todo, eran solo esculturas artísticas, razonaron. Después de esto, tal vez uno de los niños encontró una curiosa figurita y comenzó a jugar con ella. Más tarde se la mostró a un vecino que se interesó en ella, y casi inmediatamente varias personas comenzaron a ocupar más tiempo con el ídolo. Esto llevó a un envolvimiento mayor... a mayor interés... hasta que «sembraron viento» y finalmente «cosecharon torbellino.»

Si usted aparta tiempo para hacer un estudio de Oseas 8, verá una serie de cosas que llevaron a la nación al torbellino. «Quebrantaron mi pacto y se rebelaron contra mi ley» (v. 1). Esto no es simplemente poesía hebrea, sino la verdad. Vieron la Ley de Dios y cambiaron las cosas. ¿No puede usted, acaso, imaginar su manera de pensar? «Esto es muy estricto para la vida en Canaán. Tenía sentido para cuando estábamos en el desierto, pero ahora tenemos que ver las cosas de una manera más realista. Mucho de lo que Moisés dijo ya no es práctico. Nuestra cultura exige que hagamos ajustes en esto y que seamos tolerantes en aquello. Y la verdad es que estas mujeres cananeas no solo son atractivas... sino también adorables. ¿Qué importa que un hijo nuestro se enamore de una de ellas? De todas maneras, lo estamos criando bien, y por eso él no se va a pasar de la raya.»

Así, pues, en el proceso de sembrar el viento, ellos «rechazaron el bien» (v. 3). ¿Qué implicó esto? Que abrazaron el mal. Y que cuando llegó el momento de decidir en cuanto a sus líderes, lentamente dejaron de escuchar a Dios o de buscar su consejo, todo lo cual los llevó a una claudicación mayor.

> Ellos establecieron reyes, pero no de parte mía. Constituyeron gobernantes, pero yo no tuve parte en ello. Con su plata y su oro se hicieron ídolos, para su propia destrucción (Oseas 8.4).

¿Puede usted creer lo que acaba de leer? Estos no eran cananeos paganos e idólatras. ¡Eran el pueblo de Dios, los hebreos! Y todo comenzó con uno o dos indiferentes acomodos en cuanto a sus convicciones. Algo tan sencillo los llevó a tanto pecado, a tanta tristeza, a tanto sufrimiento y, finalmente, a toda la nación al exilio. Sembraron viento y cosecharon torbellino.

Preste atención a los primeros pasos en la cima de la pendiente que originaron la caída... porque allí se encuentra el culpable. Todo el que comienza a caer hacia abajo pone en movimiento un ciclo de complicaciones. Es por esa razón que Dios le ordena a Oseas: «¡Lleva la corneta a tus labios!» (v. 1) ¡Grítalo a voz en cuello! ¡Suena la alarma! Dile al pueblo: «¡No vale la pena! ¡No vale la pena!»

Cuando Israel dejó de confiar en Dios y se negó a buscar su voluntad, abrazó la impía cultura que rodeaba a la nación, lo que después los llevó a tener un estilo de vida impío. Después de algún tiempo, este estilo impío los llevó a la ruina como personas y como nación. Con el tiempo, los asirios invadieron y conquistaron Israel, el reino del norte, llevando a los hebreos al cautiverio. Al comienzo, el pueblo de Dios perdió su distinción... después su fe, ¡y finalmente su libertad! Habían cosechado el torbellino. Lo mismo pasó después en Judá, cuando el reino del sur cayó en manos de los babilonios. ¿Recuerda el relato del salmista?

> Junto a los ríos de Babilonia nos sentábamos y llorábamos, acordándonos de Sion. Sobre los sauces en medio de ella, colgábamos nuestras liras. Los que allá nos habían llevado cautivos nos pedían cantares; los que nos habían hecho llorar nos pedían alegría, diciendo: Cantadnos algunos de los cánticos de Sion (Salmo 137.1-3).

«Escuchemos algunos de los cánticos de Sion. Cántennoslos ahora.» Y el salmista suspira, diciendo: «¿Cómo se le puede cantar al Señor en una tierra extraña?» Lo habían perdido todo.

Habían transgredido el pacto de Dios. Se habían rebelado contra la Ley de Dios. Habían cambiado las palabras de Dios. Habían rechazado la voluntad de Dios. Habían dejado de escuchar al Señor y de buscar su consejo.

La infidelidad siempre complica nuestras obligaciones. Pero nunca olvide esto: Dios no abandona. Aunque entristecido y decepcionado, Él manda las consecuencias. Sin embargo, Dios no se distancia de nosotros aun cuando imparte su disciplina. ¿Por qué razón? Porque Él es inmutable. Asombrosamente, consistentemente, y desde nuestro punto de vista, *misteriosamente* fiel.

EL CICLO DE LAS COMPLICACIONES

Uno de los profetas que fue testigo de la transición de Judá, de la claudicación a la cautividad, fue Jeremías. Este profetizó durante cuarenta años, y derramó lágrimas mientras predicaba, viendo la degradación que se había producido en la nación a causa de la apostasía. En el Antiguo Testamento tenemos dos de sus libros. El primero, por supuesto, lleva su nombre y al cual ya nos hemos referido varias veces. Pero el segundo libro es, en mi opinión, mucho más elocuente. Es un diario de ayes llamado, con mucha razón, Lamentaciones.

Nosotros rara vez usamos esta palabra hoy en día, pero es una gran palabra. Lamentarse es «clamar con palabras de dolor.» Es como un llanto en medio de la noche. El lamento es una profunda tristeza por algo que se ha perdido. Y Jeremías, dando tumbos por Jerusalén, una vez la fortaleza de Sion, recuerda y escribe todo lo que han perdido.

Jeremías recuerda cuando eran un pueblo de Dios. Recuerda las advertencias, y ahora, con un suspiro, escribe los fracasos de la nación. Recuerda a sus lectores que su pueblo había puesto en marcha un ciclo de complicaciones. A propósito, ese ciclo se repite regularmente y no está limitado a la antigüedad. La desobediencia siempre trae aparejada un ciclo de complicaciones que Dios pone indefectiblemente en movimiento. Encuentro que hay, por lo menos, tres acciones en claro en ese ciclo. *En primer lugar, cuando comprometemos la verdad, comenzamos a ser afligidos.*

Yo soy el hombre que ha visto aflicción bajo el látigo de su indignación. Él me ha guiado y conducido en tinieblas y no en luz (Jeremías 3.1,2).

Jeremías y sus compatriotas judíos ciertamente habían «visto aflicción.» Ese es el comienzo del ciclo. Cuando usted hace algo malo, cuando compromete la verdad, comienza a ser afligido porque Dios no permite que sus hijos hagan los que les venga en gana. El Señor disciplina indefectiblemente a quienes ama, ya que Él quiere traernos de vuelta, y al hacerlo, nos aflige inevitablemente en su voluntad misteriosa con la vara de la justicia.

Ciertamente todo el día ha vuelto y revuelto su mano contra mí. Ha consumido mi carne y mi piel; ha quebrantado mis huesos. Edificó contra mí; me rodeó de amargura y de duro trabajo. En tinieblas me hizo habitar, como los muertos de antaño. Me bloquea por todos lados, de modo que no puedo salir; ha hecho pesadas mis cadenas. Aun cuando grito y pido auxilio, cierra sus oídos a mi oración. Ha bloqueado mis caminos con piedras labradas; ha torcido mis senderos. Como un oso que acecha fue para mí, como un león en escondrijos. Mis caminos torció, me rompió en pedazos y me dejó desolado (Jeremías 3.3-11).

¿Tiene el lamento de Jeremías alguna repercusión en usted? ¿Se ha visto usted alguna vez bajo la dolorosa vara de Dios? Es posible que eso le esté sucediendo ahora. Se ha alejado de su verdad y ahora está sufriendo las consecuencias. ¿Quién no ha tenido esa experiencia? El dolor se vuelve casi insoportable, y es de esperar que lo sufra. Dios nos ama y se interesa demasiado por nosotros, y por eso no nos deja jugar con el fuego sin que nos quememos.

En segundo lugar, cuando comprometemos la verdad, huye la esperanza. La aflicción se convierte en desolación. «[Él] me dejó desolado» se lamenta Jeremías. «Me bloquea por todos lados, de modo que no puedo salir.» Esta es verdadera desolación, ¿no cree? Usted puede sentirlo en cada frase que sigue:

Fui objeto de burla para todo mi pueblo; todo el día he sido su canción. Me llenó de amarguras, y me empapó con ajenjo. Quebró mis dientes con cascajo; me pisoteó en la ceniza (Jeremías 3.14-16).

Esta es una cosa muy seria. Jeremías, el profeta de Dios, se había convertido en objeto de burla de su propio pueblo. «¡Ah!», le dicen. «¿Tú nos estás diciendo que este es el Dios a quien debemos obedecer? ¿No nos dijiste hace algunos años que debíamos arrepentirnos? ¿Y este es el trato que recibimos de Dios? Él es quien ha traído todo esto sobre nosotros. ¡Qué broma de mal gusto la tuya!»

«Me siento humillado, Señor», responde Jeremías. «Se están

burlando de mí.» Y Jeremías lo escribe todo en su diario de lamentaciones.

> Ha sido privada mi alma de la paz; me he olvidado de la felicidad ... Lo recordará, ciertamente, mi alma, y será abatida dentro de mí (Lamentaciones 3.17,20).

«Lo recordará... mi alma, y se ha hundido.» Ese es el significado aquí de la palabra hebrea *hundido*. «Estoy más deprimido que nunca. He olvidado lo que es la felicidad.»

Estuve hablando una vez con un hombre que me dijo: «No puedo recordar la última vez que reí, Chuck. No he podido sonreír durante días.» Se refirió en forma muy dramática a las claudicaciones en sus convicciones cristianas que lo habían llevado al estilo de vida que había estado viviendo. Había llegado al punto de pensar en quitarse la vida. Había perdido el gozo; se había olvidado de lo que era la felicidad. Entonces, en el fiel plan de Dios, tuve el privilegio de intervenir en la vida de este hombre, y ahora no solo está vivo, sino que también tiene otra vez una fuerte comunión con Dios. No por nada que yo haya hecho, sino por la fidelidad de Dios. El Señor estuvo con el hombre todo el tiempo, viendo el inevitable cumplimiento de las consecuencias, esperando que se arrepintiera, que reconociera sus faltas y que humildemente volviera al gozo que había abandonado.

«Pues, ¿quién comerá y se regocijará separado de él? (Eclesiastés 2.25) ¿No es este un excelente versículo? ¿Quién puede disfrutar una maravillosa comida, quién puede reír en la vida y disfrutar de Dios si se ha distanciado de Él? Tener un corazón gozoso requiere compañerismo con el Dios vivo.

No hay nada peor para nosotros que ser los responsables de nuestras propias aflicciones. Ya es bastante malo ser una víctima, pero doblemente malo cuando uno mismo se lo ha causado. Todos nosotros hemos pasado por esto y no necesitamos que nos sigan recordando esos dolorosos días.

F.B. Meyer, en uno de sus excelentes libros devocionales titulado *Christ in Isaiah* [Cristo en Isaías], escribió elocuentemente acerca de la claudicación de los hebreos y del sufrimiento que esto significó para ellos. Lea lentamente y con expresión lo que sigue:

En el caso del pueblo escogido, que por casi setenta años había sido extranjero en una tierra extraña, y que había apurado la copa de la amargura hasta las heces, había algo que hacía aun más pesada su aflicción: la convicción de que su cautiverio había sido el resultado de su propia contumacia y transgresión. Esto es lo más amargo de todo: saber que el sufrimiento no tenía que ser inevitable; que fue el resultado de sus deslices y de su inconstancia; que fue la cosecha de lo que ellos mismos habían sembrado; que el buitre que se alimenta de las tripas es el polluelo que uno mismo cría. ¡Ay de mí! ¡Qué dolor tan grande! En la vida hay un Némesis inevitable. Las leyes del corazón y del hogar, y del alma y de la vida humana, no pueden violarse impunemente. El pecado puede ser perdonado; el fuego de la pena puede cambiarse en el fuego de la prueba; el amor de Dios puede parecer más cercano y más precioso que nunca y, sin embargo, sigue presente la horrible presión del dolor; el corazón trému-lo; la debilidad de los ojos y la inmovilización del alma; el arpa sobre los sauces; la negativa de los labios de cantar la canción de Dios.[1]

Finalmente, cuando comprometemos la verdad, Dios no cambia. Nosotros sí.

Eso es lo que sucede cuando deliberadamente nos apartamos de la voluntad y del camino del Señor. Al igual que los israelitas, si sembramos viento, cosechamos torbellino. El hecho es que Dios no ha cambiado en absoluto. Él sigue fielmente a nuestro lado, aunque entristecido por nuestra condición. Somos noso-tros los que cambiamos y los que nos apartamos.

Esto me recuerda el caso de la pareja que estaba regresando a casa en su coche después de celebrar sus bodas de plata en un excelente restaurante. Ella iba sentada en el puesto del pasajero, apoyada sobre la puerta del auto, y él conducía. Ella empezó entonces a lamentarse: «¡Ay, querido! ¿Recuerdas cuando teníamos tanta intimidad? Quiero decir, cuando nos casamos. Nos sentábamos tan juntitos que casi no podías hacer los cambios de velocidad. ¡Y mira como estamos ahora! A lo que él respondió con indiferencia: «Bueno, yo sigo sentándome donde mismo.»

Lo mismo pasa con nuestro Dios vivo.

—Señor, recuerdo cuando solíamos tener tanta intimidad.

—Yo nunca me he alejado.

—Recuerdo cuando tú y yo nos hablábamos.

—Yo nunca me he alejado. Sigo escuchando. Sigo donde mismo.

—Recuerdo cuando solía hablarte en momentos muy privados, y tú significabas algo para mí.

—¡Yo nunca me alejé! Yo nunca me fui a otra parte cuando elegiste distanciarte de mí. Tú sigues siendo importante para mí.

Hasta ahora solo hemos escuchado malas noticias. Llegó el momento de hablar de las buenas. Y la buena noticia es que hay esperanza.

PORQUE DIOS ES FIEL, VUELVE LA ESPERANZA

Comenzamos a ver esperanza en los fundamentales versículos de Lamentaciones que siguen. Ellos constituyen el punto crítico en el diario de ayes de Jeremías.

Recuerdo mi tristeza y soledad, mi amargura y sufrimiento; me pongo a pensar en ello y el ánimo se me viene abajo. Pero una cosa quiero tener presente y poner en ella mi esperanza: El amor del Señor no tiene fin, ni se han agotado sus bondades. Cada mañana se renuevan; ¡qué grande es su fidelidad! Y me digo: ¡El Señor lo es todo para mí; por eso en él confío! El Señor es bueno con los que en él confían, con los que a él recurren (Lamentaciones 3.19-25, Dios Habla Hoy, SBU, 1983).

«Pero una cosa quiero tener presente.» Me encanta esa frase. Jeremías está en medio de la aflicción y la tristeza, recordando el sufrimiento de los días que han pasado, lamentándose por el «torbellino» de las consecuencias que les han sobrevenido. Se halla caminando por entre las ruinas de la ciudad, pateando los escombros y preguntándose cómo fue posible que sucediera una cosa así... y de repente lo comprende todo. «Pero una cosa quiero tener presente.» La frase «una cosa» sobresale aquí. Yo he puesto en mi Biblia, un círculo alrededor de «una cosa», y lo he conectado a través de una flecha directamente con «mi esperanza» del mismo versículo 21, que es esa «cosa» que él recuerda. «Pero una cosa quiero tener presente y poner en ella mi esperanza.»

Cuando usted se encuentra en el mismísimo fondo, la esperanza huye. Y cuando la esperanza nos abandona, una parte nuestra se cierra. Usted ya no es capaz de recordar esos versículos que aprendió siendo un niño. No puede recordar siquiera la letra de un himno. No puede recordar la oración que una vez memorizó, porque la esperanza se ha marchado. Fue en medio de esa clase de foso profundo que Jeremías halló esperanza.

¿Qué es la esperanza? Ella consiste en tres cosas, y quiero que usted las escriba. En realidad, le sugiero que las anote en una pequeña tarjeta de 5 x 9 cm y que la tenga en un lugar donde pueda leerla cada mañana. Le diré por qué en un minuto.

Aquí están las tres oraciones, extraídas directamente de la Biblia.

En primer lugar, el amor del Señor no tiene fin. (Si prefiere la palabra «misericordia», puede ponerla en lugar de «amor.») Esta es la misma admirable palabra, *jesed*, que vimos en el capítulo anterior. «La misericordia del Señor no tiene fin.» Permita que esto penetre su atareada mente. Algunos de ustedes han vivido con un apresuramiento tal que en los últimos quince o veinte días no han dejado que en su mente penetre mucho de Dios. Pero esta gloriosa declaración resuena desde los cielos, y viene directamente para usted, entregada personalmente con su nombre puesto sobre ella. «Mi misericordia no tiene fin.»

¿Recuerda las últimas palabras del salmo 23? Los dos perros ovejeros de Dios, Bien y Misericordia, nos seguirán todos los días de nuestra vida. Ellos actúan manteniéndonos dentro de los linderos, pero a veces nosotros nos escapamos. Sin embargo, aun cuando nos escapamos, Misericordia siempre nos acompaña. ¿Por qué razón? Porque Dios es inmutable. Es por eso que el pasaje dice: «La misericordia del Señor no tiene fin.» ¿No es esto maravilloso? ¿No le alegra el hecho de saber que Él no es inconstante? ¿No está agradecido que el Señor no lo rechaza cuando clama a Él, ni cuando ignora sus mandamientos, ni cuando deliberadamente interpreta o juzga mal su misteriosa voluntad? Su misericordia no tiene fin.

En segundo lugar, las bondades del Señor no se han agotado. (Esta es la segunda oración que debe escribir en su tarjeta.) Esta palabra, *bondades,* es muy interesante. Tiene el sentido de *compasión,* cuyo significado es «amor comprensivo, interés por los indefensos.» Sus bondades son igualmente inalterables. El corazón de Dios sufre por el que se encuentra huyendo de Él.

Esto me recuerda al padre del hijo pródigo de Lucas 15. El muchacho quería toda la herencia que le pertenecía, y tan pronto como la recibió se marchó del hogar. Sin replicar, el padre lo dejó marchar, de la misma manera que lo hace nuestro Padre celestial. No se nos dice cuánto tiempo duró su ausencia, pero cuando a ese hijo se le acabaron el dinero, las diversiones, la comida y la esperanza, finalmente volvió en sí. Todo lo que había buscado «viviendo perdidamente» en «una región lejana» solo podía encontrarlo en el hogar que había dejado. Es que, de alguna manera, cuando usted está hundido hasta las rodillas en un chiquero, logra tener una perspectiva diferente a la que tiene cuando rebosa de confianza y de soberbia estando en casa, molesto por las reglas del hogar.

Así, pues, cuando el hijo pródigo «vuelve en sí», regresa al hogar. Su padre, al verlo cuando todavía se encontraba a una gran distancia, corre hacia él. Ahora bien, ¿confronta airado a su hijo y le dice: «¿Qué es lo que estuviste haciendo? Dame cuenta de cómo invertiste el tiempo. ¿Dónde está todo el dinero? ¡Mira el desastre en que te has convertido... hasta hiedes!» No, no. Nada de eso. Por el contrario, abraza a su muchacho y lo besa una y otra vez, mientras anuncia: «¡Maten el ternero! ¡Vamos a tener una parrillada! ¡Vamos a tener una fiesta familiar por todo lo alto! ¡Mi hijo, que estaba perdido, ha sido hallado! ¡Se había alejado de mí, pero ha vuelto!» Este padre estaba lleno de compasión por su hijo descarriado. Había permanecido fiel y lleno de compasión.

Lo mismo sucede con nuestro Padre Dios. Cuando usted vuelve a Él, el Señor le dice: «Te perdono... te extrañé. Estoy tan contento de que hayas regresado.»

Finalmente, *la fidelidad del Señor jamás decae.* (Esta es la tercera oración de su tarjeta.) No deje de ver la progresión que encontramos aquí: El amor del Señor no tiene fin. Las misericordias del Señor no se han agotado. Su fidelidad jamás decae.

¿Ni siquiera cuando falle? No, ni siquiera cuando falle. ¿Ni siquiera cuando haga decisiones estúpidas? Ni siquiera cuando haga decisiones estúpidas. ¿Ni siquiera cuando fracase en mi matrimonio? Ni siquiera cuando fracase en su matrimonio. ¿Ni siquiera cuando esté equivocado, creyendo que tengo la razón? Ni siquiera cuando esté equivocado, creyendo que tiene la razón. Su fidelidad jamás disminuye. Observe cómo lo expresa Jeremías: «No se han agotado sus bondades.»

Ahora bien, cuando haya escrito estas tres oraciones en la tarjeta, colóquelas cerca de su cama. Léalas cada mañana. Antes de poner sus pies en el piso, vea esa tarjeta y léala en voz alta.

El amor del Señor no tiene fin.

Las bondades del Señor no se agotan.

La fidelidad del Señor jamás decae.

Esto es lo que define la inmutabilidad de Dios, una palabra

magnífica equivalente a «Él no cambia.» Él tiene que seguir siendo fiel. Siendo inmutable, no es que Dios no cambiará en su fidelidad, sino que *no puede* cambiar. Él jamás cesa en su devoción a nosotros. El Señor nunca rompe una promesa ni pierde el entusiasmo. Él se mantiene cerca de nosotros cuando sentimos celo por la verdad, y también se mantiene cerca de nosotros cuando rechazamos su dirección y lo desobedecemos deliberadamente. Él sigue íntimamente involucrado en nuestras vidas, ya sea cuando le demos alabanza o cuando lo entristezcamos por nuestras acciones. Dios sigue siendo fiel ya sea que corramos a Él o huyamos de Él. Su fidelidad es incondicional, inacabable y constante. Nada de lo que hagamos puede disminuirla, y nada que dejemos de hacer puede aumentarla. Su fidelidad sigue siendo maravillosa. Su inmutabilidad jamás mengua. Por más misteriosa que pueda parecer esa increíble constancia, ella es cierta.

¿Por qué es, entonces, que cuando perdemos toda esperanza, el enemigo dice: «Quítate la vida»? ¿Por qué es que la alternativa favorita del enemigo cuando la persona está desesperada y desolada es el suicidio? ¿Por qué, en la noche oscura del alma, el enemigo incita diciendo: «Ponle fin a todo»?

Creo que el profeta nos proporciona parte de la respuesta. En el pasaje de Lamentaciones donde encontramos nuestras tres promesas de esperanza, hay otra expresión importante:

Por la bondad de Jehovah es que no somos consumidos, porque nunca decaen sus misericordias. Nuevas son cada mañana; grande es tu fidelidad (Lamentaciones 3.22,23).

Las misericordias, las compasiones y la fidelidad del Señor son *nuevas cada mañana*.

Yo no sé cómo será con usted, pero sí sé como es conmigo. Mi período más difícil del día es cuando cae la tarde. Si voy a ponerme melancólico, si voy a deprimirme un poco, eso ocurrirá cuando se ponga el sol. Si voy a tener una batalla ese día, eso sucederá por lo general en algún momento entre la puesta del sol y el momento que me vaya a la cama. Rara vez será en la mañana. Hay algo acerca del nuevo amanecer que devuelve la esperanza que había perdido de vista la noche anterior. ¿Le sucede a usted lo mismo?

Hay una razón para la expresión «la noche oscura del alma.» En mis cuarenta y tantos años que tengo ministrando a almas angustiadas, he observado que son muy pocas las personas que se quitan la vida en las primeras horas del día. La mayoría de los suicidios con los que he tenido que lidiar se han producido cuando se oculta el sol, en la noche, en la oscuridad, cuando la vida simplemente se da por vencida y desaparece la esperanza.

¿Sabe usted cuál es el mensaje para nosotros de la mañana nueva y fresca de Dios, ya sea que el sol brille con toda su fuerza o que esté lloviendo a cántaros? ¿Sabe qué significa la mañana, aunque el día brille, o esté gris, o encapotado? Que su promesa es la mañana misma. «Cada mañana», dice el Señor. No cada vez que usted vea el sol, ya que el estado del tiempo carece de importancia. Cada mañana, el Señor se nos presenta con su mensaje de aliento: «Todavía nos seguimos comunicando, ¡para que lo sepas! Yo sigo estando aquí. Yo no me he movido. Marchemos juntos hoy.» Es por eso que yo le sugiero que lea esas tres oraciones cada mañana, ya que son un recordatorio de Dios de que «seguimos como siempre.»

Confíe en que Dios se acordará de usted. Él no se olvidará de su nombre ni de sus circunstancias. Tampoco se olvidará, sin duda alguna, de sus oraciones. El Señor no está en un extremo del cielo tratando frenéticamente de entender quién es usted, o qué está pensando. «¿Qué voy a hacer con esta persona?» Él es fiel para saber exactamente lo que está pasando con usted. Confíe en el Señor, porque Él se acuerda de usted. La inmutabilidad de Dios no permitirá que Él se olvide de usted.

Recuerdo una promesa maravillosa que confirma esto, escrita por el profeta Isaías:

Pero Sion dijo: «Jehovah me ha abandonado; el Señor se ha olvidado de mí. ¿Acaso se olvidará la mujer de su bebé, y dejará de compadecerse del hijo de su vientre? Aunque ellas se olviden, yo no me olvidaré de ti. He aquí que en las palmas de mis manos te tengo grabada; tus murallas están siempre delante de mí» (Isaías 49.14-16).

¡Qué maravilloso! Estamos grabados en las palmas de las manos de Dios.

CONFÍE EN QUE DIOS SE ACORDARÁ DE USTED

¿Cómo lo sabemos? Bueno, esa es la razón por la que Dios nos dio el resto de esta parte del diario de Jeremías.

Bueno es Jehovah para los que en él esperan, para el alma que le busca. Bueno es esperar en silencio la salvación de Jehovah. Bueno le es al hombre llevar el yugo en su juventud. Se sentará solo y callará, porque Dios se lo ha impuesto. Pondrá su boca en el polvo, por si quizás haya esperanza (Lamentaciones 3:25-29).

Si usted quiere confiar en que Él se acordará de usted, *¡deje de correr y comience a esperar!* «Bueno es Jehovah para los que en él esperan» (v. 25a). ¡Deje de correr! Espere con paciencia.

En segundo lugar, comience a buscarlo. «[Bueno es Jehovah] para el alma que le busca» (v. 25b). Así, pues, en vez de desdeñarlo, regrese a sus brazos abiertos y comience a buscarlo otra vez.

«Señor, he vuelto. Sé que ya lo sabías y también sé que me recuerdas. Me avergüenza decirte lo que he estado haciendo (como si tú no lo supieras), pero me hace bien decírtelo. Estas son las cosas que he hecho; estas son las cosas que han traído vergüenza a tu nombre, y que han sido motivos de dolor para mí y para otras personas. Quiero decirte hoy, ahora que he venido a ti y que te busco con diligencia, que vengo por los méritos de mi Salvador, Jesucristo. No tengo ningún mérito propio. Me cobijo en su sangre. Soy uno de tus hijos, y reconozco que he estado alejado de ti por demasiado tiempo. Me he comportado estúpidamente, y he actuado neciamente. A veces, incluso, he sido ruin y perverso. Pero he vuelto y te busco con diligencia. Ya no seguiré ignorándote por más tiempo.» Lo único que usted tiene que hacer es poner sobre Él toda la carga de su culpa, ya que el Señor podrá ocuparse de ella.

Una vez que haya hecho esto, no diga más nada y siéntese en silencio. «Se sentará solo y se callará, porque Dios se lo ha impuesto» (v. 28). Espere pacientemente, busque pacientemente, siéntese en silencio. Eso significa que usted deberá dejar de hablar. Después que haya derramado todo su corazón, permanezca deliberadamente en silencio.

Pase todo un día en silencio. Los domingos son días excelentes para hacer esto. Aparte por lo menos parte de la tarde para estar completamente en silencio. La meditación es un arte que se ha perdido en este mundo moderno y apresurado, por lo que le sugiero que reviva la práctica, pero no repitiendo incesantemente alguna mantra para alcanzar un cierto estado de ánimo. No se trata de eso. Simplemente espere en silencio delante de su fiel Dios. Lea un pasaje de la Biblia, tal vez un salmo, y deje que Él hable. Usted no diga nada. Solo esté en silencio, y deje que Él hable. Permita a Dios asegurarle que está total y absolutamente perdonado y que su motivo de vergüenza ya no existe más. Sienta sus brazos alrededor de usted. Comprenda la limpieza que Él le está trayendo, y sienta de nuevo la frescura y alivio de su presencia.

Por último, sométase gustosamente. «Pondrá su boca en el polvo, por si quizás haya esperanza» (v. 29). Para mí, esto significa no justificar nada, no excusar nada. Ponga su poca en la tierra, si eso le sirve de ayuda. No siga negando más lo horrible y repulsivo que hay en su vida. Encárelo. Sométase gustosamente.

Dará la mejilla al que lo golpea; se hartará de afrentas. Ciertamente el Señor no desechará para siempre. Más bien, si él aflige, también se compadecerá según la abundancia de su misericordia (Lamentaciones 3.30-32).

Como piezas de dominó paradas en sus extremos, esas acciones del Señor dan unas contra otras. Primero es el amor; este lleva a la misericordia, y después está la compasión; luego la gracia le inunda al tiempo que su Dios inmutable le da un nuevo comienzo. Deje de luchar y sométase a Él. Esto surte efecto. Se lo digo por experiencia porque ya lo he vivido... más veces de las que quisiera recordar.

La parte hermosa de esto es que Dios satisfará cada una de esas tres oraciones. Él le mostrará que sus misericordias no han cesado, que su compasión no ha fallado, y que su fidelidad no ha menguado.

David Redding habla de esto en un maravilloso librito que he disfrutado por años, titulado *Jesús Makes Me Laugh* [Jesús me hace reír]. Cuenta acerca de cuando comenzó un pequeño rebaño de ovejas *Shropshire* cuando era un niño, que fue como consiguió su perro. Lea sus palabras lentamente, e imagine la escena que él retrata con tanta intensidad.

Yo tenía un hermoso carnero. Cerca de nosotros vivía un hombre pobre que tenía un hermoso perro y un pequeño rebaño de ovejas que deseaba mejorar con mi carnero. Me preguntó si podía prestarle el carnero; él, a cambio, me daría el mejor cachorro de la camada de su precioso perro.

Así fue como obtuve a Teddy, un perro pastor escocés, grande y negro. Teddy era un perro al que quería mucho, y él se desvivía por mí. Me esperaba a mi regreso a casa cuando volvía de la escuela. Dormía a mi lado, y cuando lo llamaba con un silbido corría hacia mí, aunque estuviera comiendo. Durante la noche, nadie se podía acercar a menos de ochocientos metros sin el permiso de Teddy. Durante esos largos veranos que pasábamos en los campos, yo solo podía ver a mi familia en las noches, pero Teddy estaba conmigo todo el tiempo. Por eso, cuando tuve que irme a la guerra no sabía cómo dejarlo. ¿Cómo explicarle a alguien que ama a uno, que lo está dejando, y que no podrá atrapar marmotas con él mañana, como siempre?

Así pues, el regresar a casa esa primera vez de la Marina [durante la Segunda Guerra Mundial] fue algo que casi no puedo describir. La última parada del autobús se encontraba a unos veintidós kilómetros de la granja. Me bajé allí esa noche a eso de las once, y caminé el resto del camino a casa. Eran las dos o tres de la mañana antes de encontrarme a menos de ochocientos metros de la casa. Estaba muy oscuro, pero yo conocía cada paso del camino. De repente, Teddy me oyó y comenzó a ladrar en señal de advertencia. Entonces, di un silbido solo una sola vez. El ladrido cesó. Hubo un aullido de reconocimiento y supe que una figura negra y voluminosa se estaba dirigiendo rápidamente a mí en medio de la oscuridad. Casi de inmediato estaba en mis brazos.

Lo que entiendo claramente ahora es la elocuencia con que ese recuerdo inolvidable me habla de mi Dios. Si mi perro, sin ninguna explicación, me seguía amando y me recibía así después de todo ese tiempo, ¿no lo va a hacer mi Dios?[2]

Claro que lo hará, mil veces. ¿Por qué razón? Porque Él es inmutable.

Dios es fiel. Dirigiéndose rápidamente a usted en medio de la oscuridad de su vida, vendrá esta admirable verdad que lo envolverá: Dios cumplirá su promesa de perdonarle y acogerlo en su seno, porque sus misericordias son nuevas cada mañana.

Recuerde esto cuando el sol se ponga esta tarde.

9

¿Puede la voluntad de Dios hacernos santos?

El carácter no puede desarrollarse en medio de la calma y de la quietud. Solo a través de la experiencia de las pruebas y del sufrimiento puede el alma fortalecerse, la visión aclararse, la ambición inspirarse, y el éxito alcanzarse.
—*Helen Keller's Journal* [El diario de Helen Keller]

Creo que hoy en occidente, y particularmente en los Estados Unidos, estamos rodeados de bárbaros por todas partes. Los hemos criado en nuestras familias y capacitado en nuestras aulas. Habitan en nuestras legislaturas, en nuestros tribunales, en nuestros estudios cinematográficos y en nuestras iglesias. La mayoría de ellos son personas atractivas y agradables, y sus ideas sutiles y convincentes ... Los bárbaros de hoy son damas y caballeros.

—Chuck Colson, en *Against the Night* [Contra la noche]

Capítulo nueve

¿Puede la voluntad de Dios hacernos santos?

HA LLEGADO EL MOMENTO de ahondar más en la misteriosa voluntad de Dios, y al hacerlo debemos aceptar la realidad de nuestra antigua e inevitable batalla con el pecado. ¿Puede la voluntad de Dios dar como resultado nuestra santidad?

Del diario de Jeremías hemos aprendido algunas cosas en cuanto a la fidelidad de Dios. Veamos ahora los escritos de otro gran profeta de Dios quien fue el más prolífico y elocuente de todos los profetas del Señor. Su nombre fue Isaías, considerado por muchos el más distinguido de todos ellos. Indudablemente, Dios habló poderosamente a través de este hombre. Y lo que es más, Dios dio a Isaías ojos para ver lo invisible.

> En el año que murió el rey Uzías, vi yo al Señor sentado sobre un trono alto y sublime; y el borde de sus vestiduras llenaba el templo. Por encima de él había serafines. Cada uno tenía seis alas; con dos cubrían sus rostros, con dos cubrían sus pies y con dos volaban. El uno proclamaba al otro diciendo: ¡Santo, santo, santo es Jehovah de los Ejércitos! ¡Toda la tierra está llena de su gloria! (Isaías 6.1-3).

Isaías ve y registra algo que no aparece en ninguna otra parte de la Biblia: los serafines, una comunidad adoradora de criaturas angelicales que rodean al Señor. Los serafines, que solo se mencionan aquí en Isaías 6.2 y 6.6, son seres celestiales semejantes a un fuego ardiente en su persona. Lo digo porque la palabra hebrea *säräph* significa «arder», y es la misma palabra que se utiliza para describir a las serpientes ardientes que mordieron a los hijos de Israel en el desierto en los días de Moisés (véase Números 21.4-9). De modo que son ángeles que están flotando en el aire, quizás brillando como el fuego, o que están tan llenos de fuego que se convierten como fuego en su adoración. Ellos rodean el trono de Dios, ministrando para Él en adoración continua.

Isaías no nos dice cuántos eran. Quizás cientos, tal vez decenas, o quizás solo unos pocos, pero «cada uno tenía seis alas» y estaban por encima del señor, moviéndose agitadamente alrededor de su trono con sus fervientes y dramáticas expresiones de alabanza.

A Isaías se le permite, en esta maravillosa escena, descorrer la cortina del cielo y tener apenas un destello de la creación angélica y de sus actividades. Estas son actividades que prosiguen incesantemente en los más altos cielos, que nunca vemos, en adoración y alabanza de un Dios santo.

Isaías no solo pudo ver todo esto, sino que también pudo escuchar las voces antifonales en las cuales ellos estaban adorando, proclamando el uno al otro, y de un lado a otro: «¡Santo, santo, santo!» Algunos han interpretado que esto se refiere a la Trinidad: Dios Padre, Dios Hijo y Dios Espíritu Santo. Pero yo pienso, más bien, que es una referencia a la santidad infinita de Dios. Cuando en un texto hebreo se repiten las palabras, tienen el propósito de dar énfasis, y rara vez las palabras se repiten tres veces. Aquí, esta expresión comunica una exaltación infinita: «Increíble santidad se debe a tu nombre, oh Señor de los Ejércitos. La tierra está toda llena de tu gloria.» Una y otra vez, estos misteriosos serafines proclamaban el uno al otro estas alabanzas.

En términos terrenales, teniendo a los israelitas quemando incienso en los lugares altos, y adorando como sus vecinos paganos, la tierra no estaba caracterizada por la gloria evidente. Pero desde la perspectiva de los serafines que se encontraban en la sala del trono de Dios, la tierra está llena de la gloria de Dios. Esto es algo que no debemos olvidar. Nuestros periódicos jamás reportarán la adoración de los ángeles. Nada dicen de la gloria de Dios. Solo cuentan lo que está ocurriendo en el plano horizontal y, como sabemos, se concentran especialmente en las malas noticias. Pero la tierra estará algún día llena de la gloria de Dios, y de eso no debemos tener ninguna duda. Nuestro ambiente actual desaparecerá finalmente, y será reemplazado por lo que evidencie la gloria de Dios. Pero, por un instante, Isaías es atrapado por una escena que las demás personas no pudieron ver:

> Los umbrales de las puertas se estremecieron con la voz del que proclamaba, y el templo se llenó de humo (Isaías 6.4).

Las bases del templo temblaron por la imponente y atronadora alabanza de ese coro angelical. El lugar se llenó de humo, al producirse la adoración y las alabanzas. Luego, por primera vez en el relato, Isaías escribe su propia reacción.

Hasta ahora solo había sido un observador, y pienso que de habernos sucedido eso a usted o a mí, habríamos hecho lo mismo. Habríamos quedado aturdidos. También habríamos quedado mudos al escuchar y contemplar esa singular escena angelical. Las primeras palabras que salen de la boca de Isaías son:

> ¡Ay de mí, pues soy muerto! Porque siendo un hombre de labios impuros y habitando en medio de un pueblo de labios impuros, mis ojos han visto al Rey, a Jehovah de los Ejércitos (Isaías 6.5).

La reacción de Isaías a esta escena de santidad suprema, perfecta e infinita es: «No soy digno de estar en la presencia de tal escena.» *La Biblia al Día* lo parafrasea de esta manera: «¡Esta es mi muerte! Porque soy un pecador de boca impura, miembro de una raza pecadora, de inmunda boca, y sin embargo he mirado al Rey, al Señor de los Ejércitos celestiales.»

Isaías ve al Señor en toda su gloria, y luego, de repente, ve su propia pecaminosidad en contraste, y responde diciendo: «Soy totalmente indigno de estar en su presencia.» La sin igual perfección de Dios fue una represión elocuente y humillante al profeta. Aunque adornado de muchas cualidades, su humanidad viciada por el pecado quedó dolorosamente al descubierto cuando se vio en la presencia de la santidad pura.

LA VERDAD EN CUANTO A LA SANTIDAD

Tanto el original hebreo como el término griego traducido como «santo» en la Biblia, comunican la idea de «disociación» o «separación», colocar aparte. Cuando en la Biblia se dice que algo es «santo», es porque ha sido separado para Dios, como indican nuestras palabras «dedicado» y «consagrado.» Los muebles del tabernáculo eran muebles «dedicados»; las vestiduras que utilizaban los sacerdotes eran vestiduras «consagradas.» Eran objetos santos, en el sentido de que habían sido apartados para el propósito, el trabajo y la gloria de Dios. «Santidad» lleva el concepto a su máxima expresión, indicando una total separación de todo lo que es pecaminoso, impuro e imperfecto. Dentro de la palabra santidad está incluida la pureza moral, lo que significa que Dios está totalmente separado de toda y cualquier clase de contaminación.

Para sorpresa de muchos, la voluntad de Dios para nosotros es que seamos también santos. ¿Recuerda las palabras de Pedro?

Como hijos obedientes, no os conforméis a las pasiones que antes teníais, estando en vuestra ignorancia. Antes bien, así como aquel que os ha llamado es santo, también sed santos vosotros en todo aspecto de vuestra manera de vivir, porque escrito está: Sed santos, porque yo soy santo (1 Pedro 1.14-16).

Sin embargo, por estar la raza humana contaminada por el pecado (por causa de la caída de Adán y de Eva en el Huerto), nosotros, durante nuestra vida terrenal, no podemos lograr la santidad perfecta. En el momento de la salvación somos hechos santos delante de Dios por nuestra posición en Cristo, pero jamás podremos tener una experiencia inmaculada perfecta durante nuestra existencia terrenal. Es por eso que Isaías responde de la manera como lo hace. Al observar la infinita santidad que está delante de sus ojos, y escuchar la ensordecedora alabanza angelical, recuerda el increíble contraste que hay entre su Dios santo y su propio yo pecaminoso.

¿Por qué es importante para nosotros, que buscamos afanosamente hacer su voluntad, saber que nuestro Dios es santo? Ante todo, porque *su santidad nos asegura que Él es totalmente fiable*. Por ser santo, Dios jamás se aprovechará de sus hijos; Él jamás abusará de nosotros, jamás nos manipulará, y jamás nos llevará por mal camino. Su voluntad puede parecernos misteriosa, pero jamás es mala. Este Ser santo, que es inmaculado, no puede hacer nada que sea malo. Por tanto, usted y yo podemos confiar en que Él hará lo que es correcto, siempre.

En segundo lugar, *su santidad nos garantiza que Él no tiene intenciones engañosas ni motivos cuestionables*. Si Dios le guía a hacer su voluntad, usted jamás tendrá que preguntar: ¿Tendrá esto mal resultado? ¿Obrará de alguna manera en mi contra? No será así, porque su santa voluntad está libre de todo cuestionamiento.

En tercer lugar, *su santidad representa un modelo de perfección*. Nuestro Dios no tiene ninguna falla, oculta o visible, no escrita o registrada. Ni siquiera en forma indirecta.

En uno de los capítulos anteriores mencioné que Dios jamás nos tentará a pecar, ni siquiera indirectamente. La persona que peca justifica a veces su acción diciendo: «Dios me tendió una trampa. Después de todo, de no haber sido por su plan yo no tendría una naturaleza pecaminosa. De no haber sido por los acontecimientos (acontecimientos que solo Él controla soberanamente, pudiera añadir) yo no habría caído en todo esto, para empezar... no habría sido tentado.» Pero tome nota de esto: Por ser Dios perfectamente santo, Él jamás se involucra en nuestras acciones pecaminosas, ni aun indirectamente, ya que eso no es posible. No solo no puede ser tentado, sino que Dios tampoco puede tentar... Sí, como lo oye, *no puede*, ya que su santidad evita que eso ocurra.

Entonces, ¿qué significa todo esto? Bien, consideremos esto: ¿Qué tal si la santidad estuviera limitada a Dios solamente, y no a nuestro alcance?

En primer lugar, si el Señor no nos diera su santidad, no podríamos tener comunión con Él.

Y este es el mensaje que hemos oído de parte de él y os anunciamos: Dios es luz, y en él no hay ningunas tinieblas. Si decimos que tenemos comunión con él y andamos en tinieblas, mentimos y no practicamos la verdad. Pero si andamos en luz, como él está en luz, tenemos comunión unos con otros, y la sangre de su hijo Jesús nos limpia de todo pecado» (1 Juan 1.5-7).

La luz, aquí, es símbolo de pureza. Dios es absolutamente pureza refulgente. Tal como lo vio Isaías, Él es perfecto en su santidad. «En él no hay ningunas tinieblas.» Imagínese que ni siquiera un mal pensamiento, ni siquiera un motivo incorrecto, ni siquiera una declaración o acción engañosa está presente en Él. En la naturaleza de Dios y en su voluntad no hay ningunas tinieblas en absoluto.

Cuando ponemos nuestros pecados delante de Él, el Señor nos limpia. Y, por ser sus hijos, nos da una pureza que se corresponde con la suya, lo que nos permite tener comunión con Él. Piense en lo que eso significa. A pesar de ser nosotros criaturas pecadoras, si andamos en su voluntad, si nos gozamos en la luz de su pureza, tenemos comunicación íntima con nuestro Dios.

En segundo lugar, si el Señor no nos diera su santidad, pasaríamos toda nuestra vida controlados por malos motivos, incapaces jamás de ser libres de la oscuridad del pecado. Fue por eso que Isaías dijo, en un repentino arrebato de espontánea humillación: «¡Ay de mí! No tengo ninguna esperanza. No puedo comunicarme con Dios debido a mi condición y por lo que veo de Él. ¡Ay de mí!» Y eso sería cierto... excepto por el hecho de que Dios misericordiosamente nos transfiera su santidad cuando estamos andando en luz. ¡Eso sí que es gracia!

En tercer lugar, si Dios no nos diera su santidad, no tendríamos la esperanza ni la seguridad de ver a Dios en el cielo.

Procurad la paz con todos, y la santidad sin la cual nadie verá al Señor (Hebreos 12.14).

La misma palabra traducida como «santo» en otras partes de la Biblia, se traduce aquí como «santidad.» De no ser por la santidad que es transferida a nuestra cuenta gracias a la justicia de nuestro Dios, jamás veríamos al Señor. Eso significa que nunca recibiríamos la promesa del cielo.

Seré franco con usted en este punto: Este término «santidad» solía antes parecerme espeluznante. Pensaba que nadie más tenía el mismo concepto hasta que encontré un reconocimiento parecido en el libro de John White, *The Fight* [La lucha], en el cuál él escribe lo siguiente:

¿Alguna vez ha ido usted a pescar en un río contaminado y ha sacado un viejo zapato, una tetera o una lata oxidada? Algo parecido es lo que yo saco si lanzo como anzuelo la palabra «santidad» a las lóbregas profundidades de mi mente. Para mi consternación, lo que saco son asociaciones tales como debilidad, extrema y ojerosa flacura, barbas, sandalias, largas vestimentas, celdas de piedra, nada de bromas, nada de sexo, camisetas de pelo de animal, frecuentes baños fríos, ayunos, horas de oración, desolados desiertos rocosos, levantarse a las 4 de la mañana, uñas limpias, vidrios de colores, y autohumillación.

Es una lista de cosas extrañas, ya que algunos detalles

sugieren que uno no puede alcanzar la santidad sino a través de un proceso doloroso y riguroso. Sin embargo, muchos maestros aseguran que nuestros más intensos esfuerzos serán fútiles ya que la santidad es algo que Dios da, no algo que uno logra. Una vez más, mi asociación de detalles da un aire de frivolidad a un tema que ninguno de nosotros se atreve a tratar livianamente. Si los medios por los cuales hombres y mujeres han buscado la santidad nos parecen ridículos, debiéramos llorar en vez de reír[1].

Algunas personas dan la impresión de que jamás podremos esforzarnos lo suficiente para ser suficientemente santos. De que jamás renunciaremos a suficientes cosas para ser santos. Pero en el extremo opuesto están los que ven a la santidad como una cosa enteramente pasiva. Dicen que es Dios quien la distribuye. Que es Dios quien la arroja sobre nosotros. Que uno disfruta de ella, y se vale de ella, pero que uno es apenas una parte pasiva del proceso.

Permítame corregir ambos extremos. Ante todo, debemos ser santos. La santidad siempre sugiere, como he dicho antes, separación y diferencia. Dios, por ser santo, es diferente y separado de todos los demás dioses. Y nosotros, como sus hijos, debemos ser separados y diferente también. Debemos vivir vidas santas; debemos vivir vidas de integridad ética y de excelencia moral. Si eso fuera imposible para nosotros, entonces Dios jamás lo habría exigido de nosotros. Pero lo hace.

Porque yo soy Jehovah vuestro Dios, vosotros os santificaréis; y seréis santos, porque yo soy santo. No contaminéis vuestras personas por causa de ningún reptil que se desplaza sobre la tierra. Porque yo soy Jehovah, que os hago subir de la tierra de Egipto para ser vuestro Dios. Seréis santos, porque yo soy santo (Levítico 11.44,45).

Los que andan en la luz, obedeciendo la voluntad de Dios, están ocupados activamente en un andar santo, en un tipo de andar diferente. En segundo lugar, la santidad no es pasiva. No es algo de lo cual solo es responsable Dios, ya que también nosotros somos participantes activos en el proceso. La santidad es parte del proceso de la voluntad de Dios para nosotros, sus hijos.

¿Quién subirá al monte de Jehovah? ¿Quién permanecerá en su lugar santo? El limpio de manos y puro de corazón, que no ha elevado su alma a la vanidad ni ha jurado con engaño. El recibirá la bendición de Jehovah, y la justicia del Dios de su salvación (Salmo 24.3-5).

Observe la implicación de parte de hombres y mujeres en la descripción del salmista: «Los que permanecen en el lugar santo son aquellos que tienen manos limpias y un corazón puro, los que no levantan sus almas en falsedad ni juran con engaño.»
Pienso que es interesante señalar que esta cita bíblica menciona tanto nuestras manos como nuestro corazón. A veces creemos que es suficiente tener manos limpias. Después de todo, la gente puede ver cuando las manos están sucias. Pero si somos injustos o arbitrarios, las personas pueden ver nuestras acciones sucias, nuestra conducta asquerosa. Eso es algo evidente. Así que, «mantengamos nuestras manos limpias», como dice el dicho. Pero un corazón mentiroso es algo diferente. Somos buenos engañando. Siempre encontramos maneras de esconder nuestros verdaderos motivos. Un corazón mentiroso no tiene ninguna participación en el modelado de la santidad de Dios. ¿Recuerda la fuerte amonestación de Pablo en sus palabras a los romanos?

No reine, pues, el pecado en vuestro cuerpo mortal, de modo que obedezcáis a sus malos deseos. Ni tampoco presentéis vuestros miembros al pecado, como instrumentos de justicia; sino más bien presentaos a Dios como vivos de entre los muertos, y vuestros miembros a

Dios como instrumentos de justicia. Porque el pecado no se enseñoreará de vosotros, ya que no estáis bajo la ley, sino bajo la gracia. ¿Qué, pues? ¿Pecaremos porque no estamos bajo la ley, sino bajo la gracia? ¡De ninguna manera! ¿No sabéis que cuando os ofrecéis a alguien para obedecerle como esclavos, sois esclavos del que obedecéis; ya sea del pecado para muerte o de la obediencia para justicia? Pero gracias a Dios porque, aunque erais esclavos del pecado, habéis obedecido de corazón a aquella forma de enseñanza a la cual os habéis entregado; y una vez libertados del pecado, habéis sido hechos siervos de la justicia (Romanos 6.12-18).

¿Pecaremos? «¡Qué pensamiento tan horrible!» dice J.B. Phillips en su paráfrasis. Sin embargo, son muchos los que eligen vivir de esa manera. «Hemos oído hablar de la gracia», dicen. «Entiendo que está llena de comprensión y de perdón, y también sé que Dios siempre trata conmigo en gracia, por lo que pecaré, sabiendo que Él responderá a mis actos con gracia.» ¿Quiere que responda con toda franqueza esas palabras? Eso es una herejía. «¡De ninguna manera!»

Ahora llegó el momento de aprender aquí una lección muy importante de teología. Sin Cristo, todos nosotros somos esclavos del pecado; sin Cristo, el pecado es nuestro dueño, nuestro amo que nos esclaviza. Podemos hacer todas las resoluciones de Año Nuevo que deseemos, hacernos todas las promesas que queramos, darles todas las seguridades imaginables a nuestros amigos del grupo responsables por nosotros, pero si no tenemos el poder de Dios dentro de nosotros, poder que vence y conquista al pecado por nosotros, no podremos evitar servirle. Ese poder es el poder de Cristo, que está a la disposición nuestra solo después que nos hemos convertido.

Cuando venimos a la cruz y nos entregamos al único Salvador, y solo por fe, en ese momento la esclavitud al pecado es cancelada, y nos hacemos esclavos de Dios. Sin embargo, sigue todavía morando en nosotros la tendencia a hacer el mal. Por estar nosotros interiormente «inclinados» en esa dirección, el pecado sigue alzando su horrible cabeza, sigue regresando, sigue visitándonos una y otra vez. Y aunque ya hemos arreglado cuentas con Dios, tenemos que seguir peleando la buena batalla, seguir ocupados en la batalla contra el pecado. Quien niegue esto simplemente está negando la realidad.

Déjeme explicarle. Dios nos ve en Cristo cuando venimos como pecadores convertidos a la salvación y Él nos justifica delante de sí. (La justificación es el acto soberano de Dios por medio del cual Él declara justo al pecador que cree a pesar de estar todavía en un estado pecaminoso.) Aunque seguimos viviendo nuestra vida terrenal en un estado pecaminoso, Dios dice: «Basado en tu fe en Cristo, estás en Cristo, perteneces a mi familia, y te declaro justo.» En ese trascendental momento Dios acredita su justicia a nuestra cuenta espiritual. ¡Qué transferencia tan maravillosa! ¡Qué gran alivio de la deuda! En esto consiste el gran beneficio: El dominio que una vez tuvo el pecado sobre usted y sobre su vida antes de conocer a Cristo, es quitado al instante. Ya usted no es más un esclavo del pecado, incapaz de romper su poder. Antes de esto, usted no tenía ninguna alternativa. Pero ahora sí. El resultado final es la paz. Paz interior. Paz con Dios.

Justificados, pues, por la fe, tenemos paz para con Dios por medio de nuestro Señor Jesucristo (Romanos 5.1).

Con esta paz viene la santidad. Él nos concede no solo perdón, no solo justicia, no solo paz, sino también la capacidad de tener santidad personal. Ahora bien, el punto de Pablo aquí es el siguiente: «Puesto que has sido declarado "inocente", ¿qué estás haciendo sirviendo al pecado? Este no es ya tu amo. Hasta ahora, estando fuera de Cristo, habías sido instrumento de injusticia para el pecado. No podías hacer nada por ti. ¡De modo que no lo sigas haciendo! Entrégate totalmente a Cristo. Anda a la luz de su voluntad, y al hacerlo, ¡podrás aprovecharte de su don de santidad!»

Una vez más, es aquí donde tiene que enfrentarse el asunto de la pasividad. Algunos dicen: «Bueno, si haces eso, si te rindes, te conviertes en alguien totalmente pasivo. Es Dios quien lo hace todo. Lo que tienes que hacer simplemente es creer, y el resto depende de Dios.» Lo repito: ¡No! Las personas que enseñan esto puede que tengan buenas intenciones, pero están equivocadas.

Observe estos conocidos versículos y dígame a quiénes están dirigidos los mandamientos. ¿A Dios? ¡No!

Así que, hermanos, os ruego por las misericordias de Dios que presentéis vuestros cuerpos como sacrificio vivo, santo y agradable a Dios, que es vuestro culto racional. No os conforméis a este mundo; más bien, transformaos por la renovación de vuestro entendimiento, de modo que comprobéis cuál sea la voluntad de Dios, buena, agradable y perfecta (Romanos 12.1,2).

El problema que hay con un sacrificio vivo es que este siempre está queriendo alejarse a rastras del altar. Por tanto, si usted se aleja del altar, mi consejo es sencillo: regrese. Y es posible que tenga que hacerlo cada mañana. Honestamente, yo lo hago la mayoría de las mañanas. Comienzo mi día con palabras tales como: «Señor, hoy es tu día. En este día habrá tentaciones, y sé que mi tendencia es actuar en la carne, pero yo no quiero hacer eso. Quiero andar en la luz, en tu voluntad. Quiero actuar en tu Espíritu. Quiero responder como tú quisieras que lo hiciera. Así que me coloco en tu altar y te pido que me ayudes a aceptar tu poder, lo único capaz de sostenerme en tu voluntad. Ayúdame a vivir así momento tras momento, a lo largo de todo el día.»

No todo depende de Dios. De Dios depende darnos la fortaleza, pero a nosotros nos corresponde clamar y obedecer. Si lo hacemos, su santa voluntad se convierte en nuestro deleite. Y sorprendentemente, al andar nosotros en su voluntad a pesar de ser criaturas pecadoras, experimentamos lo que significa ser santos, ser apartados para la gloria de Dios. Y la buena noticia es esta: Si nos entregamos, Él toma el control y derrama su poder en nosotros.

Cuando era joven, asistía a una iglesia que estaba en la parte Este de Houston. Dentro de esa iglesia, por encima del coro, había un gran letrero blanco con letras negras bien pronunciadas que decía: «Let go and let God.» Esto quiere decir: «Ríndete y deja que Dios obre.» De adolescente estuve mirando esas palabras todos los domingos durante varios años. Sonaban en realidad maravillosas, y estoy seguro de que quien las escribió quería que comunicaran ese mensaje a todo el mundo.

Desde entonces, he sabido el origen de las palabras que había en ese letrero (al menos esto es lo que me han contado). Allá por el siglo 19, un estudiante de una universidad cristiana tomó seis tarjetas postales y escribió una letra grande en cada una de las tarjetas: L-E-T G-O-D [Deja que Dios obre, en inglés]. Después las colocó en la repisa de la chimenea de su habitación que había en el dormitorio de su universidad. Una noche, una ráfaga de viento sopló a través de la habitación llevándose la «D», dejando entonces la frase como L-E-T G-O [Ríndete]. El estudiante tomó aquello como un mensaje de parte de Dios. Creyó que Dios le había dado el secreto de la vida cristiana: Cuando uno se rinde, Dios actúa. El pensamiento no está mal, pero déjeme advertirle que, si lo lleva al extremo, podría llevarlo a tener una mentalidad más bien pasiva.

En ninguna parte de los maravillosos pasajes bíblicos que nos dirigen a vivir una vida de santidad, veo instrucciones acerca de abandonar, a menos que se trate de abandonar los antiguos malos deseos (y ciertamente eso es algo que hay que hacer), o abandonar los pensamientos desobedientes a fin de que podamos preparar a nuestra mente para la acción. No se trata de que Dios haga todo y yo no haga nada. Es que Dios hace su parte, y yo hago la mía. Dios envía las señales, y al leerlas respondo en obediencia. Ese sencillo plan da como resultado que experimente su santa voluntad.

Mi auto tiene luces de prevención en el tablero, y de vez en cuando, cuando conduzco, una de ellas se enciende poniéndose roja. Cuando eso sucede, no respondo estacionándome a un lado de la vía para sacar luego un pequeño martillo de la guantera y destrozar la luz a fin de poder continuar conduciendo sin que nada me perturbe. No. Lo que hago es detenerme y apagar el motor. En realidad, he escuchado a mecánicos decir: «Nunca siga manejando si las luces de prevención se encienden. Deténgase y busque a alguien que le dé ayuda.»

Dios tiene sus propias luces de prevención, y a veces las enciende diciéndonos: «¡Detente, detente, no lo hagas, no lo hagas!» Si somos sensatos, nos detendremos. No nos abandonamos simplemente diciendo: «Bueno, Dios tendrá que ocuparse de esto.» Somos nosotros quienes tenemos que hacerlo. «Si confesamos nuestros pecados, él es fiel y justo para perdonar nuestros pecados.» Nos valemos de las disciplinas necesarias para mantener puras nuestras mentes, y Él hace su parte honrando esa obediencia.

No nos pasamos la vida bostezando pasivamente, esperando por la gracia de Dios que de alguna manera lograremos, sino que nos involucramos activamente en una vida de santidad. En su fortaleza, tendremos dominio propio y perseverancia, y en nuestra perseverancia, la santidad (2 Pedro 1.5-8).

Nos rendimos y nos colocamos a la disposición de Dios. Una vez que nos rendimos, Él derrama su poder, y nosotros le declaramos la guerra a todo aquello que hay de malo, dentro y fuera de nosotros. Vivimos una vida que es diferente, moralmente excelente y éticamente hermosa. Es lo que se llama una vida santa. Y Dios honra eso, porque es una vida como Él es. De acuerdo con Efesios 5.1, debemos imitar a Dios, viviendo como Él vive.

Dios nos ha llamado a ser santos; por tanto, seamos santos. Observe con toda honestidad cómo es su andar. ¿Hay algunos aspectos de su vida en la que los viejos pecados han comenzado de nuevo a tener el control? ¿Esas cosas con las cuales batalló durante largo tiempo y que venció gracias al poder de Cristo? Esta sería una ocasión maravillosa para que el Señor extrajera un nuevo orden de un viejo caos.

Durante toda nuestra vida cristiana hemos cantado en los Estados Unidos el viejo himno *«Take Time to Be Holy»* [Aparta tiempo para ser santo], y sus palabras son ciertas. Hace falta apartar tiempo para ser santos. Sin duda alguna, hace falta apartar tiempo para madurar. Hace falta apartar tiempo para cultivar un andar con el Señor que comience a fluir con naturalidad, porque el enemigo es mucho más agresivo y poderoso que nosotros... y muy creativo, muy lleno de nuevas ideas en cuanto a cómo descarrilarnos y desmoralizarnos.

Necesitamos hacer nuestro el poder que viene del trono de Dios. Ya es tiempo de que aprendamos una lección inolvidable del viejo profeta Isaías. Así como él estuvo dispuesto a hacerlo, confesemos rápida y abiertamente nuestra condición humana. Luego, postrémonos delante de la presencia de nuestro santo Dios e invitémosle a limpiar nuestros pensamientos, a enmendar nuestra sucia conversación, a perdonarnos completamente, y a convertirnos en vasos que, como esos serafines, pasemos nuestros días dando gloria a su santo nombre.

¿Puede Dios hacernos santos? ¡Sin duda alguna!

10

El Dios de las sorpresas

Dios está lleno de sorpresas. Las meras presiones superficiales
jamás determinan los resultados de la vida ... Si usted está
íntimamente vinculado con el Dios vivo del universo, no
necesita preocuparse de lo que la multitud esté haciendo
(ni siquiera de lo que los poderosos estén haciendo).
El mismo Dios que creó al mundo es capaz de ayudarnos a
superar las dificultades y a salir bien de cualquier situación,
no importa lo imposible que pueda parecer.
—Ray Stedman, en *Adventuring Through the Bible*
[Aventuras a través de la Biblia]

Sorprenderse, maravillarse, es comenzar a entender.

—José Ortega y Gasset, en *La rebelión de las masas*

Capítulo diez

El Dios de las sorpresas

U NA COSA ES SENTARSE en un lugar cómodo y ponerse a leer en cuanto a las sorpresas que Dios da; otra muy diferente es estar en medio de una situación que nos toca profunda y personalmente porque nos ha venido completamente de sorpresa. Pero yo he llegado al convencimiento de que las sorpresas están entre las cosas favoritas de Dios. Ellas son, muchas veces, las mejores pruebas de cuán dispuestos estamos a obedecer a Él.

Considere el día en que Dios sorprendió a Abraham, quien ya pasaba de los cien años de edad en ese momento.

Aconteció después de estas cosas que Dios probó a Abraham, diciéndole: Abraham. Él respondió: Heme aquí. Y le dijo: Toma a tu hijo, a tu único, a Isaac a quien amas. Ve a la tierra de Moriah y ofrécelo allí en holocausto sobre uno de los montes que yo te diré. Abraham se levantó muy de mañana. Enalbardó su asno, tomó consigo a dos de sus siervos jóvenes y a Isaac su hijo. Partió leña para el holocausto, y levantándose, fue al lugar que Dios le dijo. Al tercer día Abraham alzó sus ojos y divisó el lugar de lejos. Entonces Abraham dijo a sus siervos: Esperad aquí con el asno. Yo y el muchacho iremos allá, adoraremos y volveremos a vosotros. Abraham tomó la leña del holocausto y la puso sobre Isaac su hijo. Él tomó en la mano el fuego y el cuchillo, y se fueron los dos juntos. Entonces Isaac dijo a Abraham su padre: Padre mío. Y él respondió: Heme aquí, hijo mío. Le dijo: He aquí el fuego y la leña, pero ¿dónde está el cordero para el holocausto? Abraham respondió: Dios mismo proveerá el cordero para el holocausto, hijo mío. E iban los dos juntos (Génesis 22.1-8).

Póngase usted en las sandalias de Abraham, y trate de imaginarse ser tan fiel como lo fue él. ¿Qué clase de obediencia hizo falta para que Abraham llegara a tal punto? ¿Qué debió haber pasado por su mente mientras hacía los preparativos para sacrificar a su hijo? Eso es algo insondable. Honestamente, yo no puedo siquiera imaginar las emociones por las que tuvo que pasar ese anciano.

Cuando llegaron al lugar que Dios le había dicho, Abraham edificó allí un altar. Arregló la leña, ató a Isaac su hijo y lo puso sobre el altar encima de la leña. Abraham extendió su mano y tomó el cuchillo para degollar a su hijo. Entonces el ángel de Jehovah llamó desde el cielo diciendo: ¡Abraham! ¡Abraham! Él respondió: Heme aquí. Y le dijo: No extiendas tu mano sobre el muchacho, ni le hagas nada, porque ahora conozco que temes a Dios, ya que no me has rehusado tu hijo, tu único. Entonces Abraham alzó la vista y miró, y he aquí que detrás de sí estaba un carnero trabado por sus cuernos en un matorral. Abraham fue, tomó el carnero y lo ofreció en holocausto en lugar de su hijo. Abraham llamó el nombre de aquel lugar Jehovah-yireh. Por eso se dice hasta hoy: En el monte de Jehová será provisto (Génesis 22.9-14).

¿Qué clase de agonía debió haber experimentado Abraham mientras ataba a su hijo, lo colocaba en el altar, y levantaba el cuchillo para matarlo, todo ello (si puede usted creerlo) en obediencia a la voluntad de Dios? Pero luego, *¡sorpresa!* Dios no solo impidió que Abraham siguiera adelante, sino que también le dijo que ahora sabía que él le temía... y le proveyó un carnero, que se encontraba en un matorral, para el sacrificio. ¡Qué serie de acontecimientos tan extraños! ¡Qué proceso tan raro para llevar a Abraham (y a Isaac) a donde los llevó!

¿Alguna vez ha sido usted sorprendido por Dios? Hace varios años, C.S. Lewis escribió su testimonio en un libro titulado *Surprised by Joy* [Sorprendido por el gozo], en el que se refería a su extraordinaria conversión a Cristo. Pero no estoy hablando de la sorpresa del gozo que experimentamos cuando venimos a Cristo, sino de la sorpresa, del aturdimiento que nos produce el conocer la voluntad de Dios para nuestra vida. Si usted es sincero, pienso que tendría que decir: «¿Y quién no ha sido sorprendido? ¿Quién no ha tenido que aguantar las sorpresas que Dios da?»

Usted se postra delante de Él, ora, le pide su dirección, y busca con afán su Palabra. Está dispuesto a renunciar a todo lo que necesite renunciar, atraviesa la puerta, esta se cierra detrás de usted y queda bajo llave; usted sabe que Dios lo condujo allí, y entonces... ¡bum!... el nuevo ambiente en que se encuentra le resulta totalmente inesperado. Usted pensaba que sería de cierta manera, pero resultó ser de otra. ¡Eso sí que es inexplicable! ¡Eso sí que es inescrutable e infinito! Las sorpresas (particularmente las que nos desilusionan) vienen todas de arriba.

ALGUNOS EJEMPLOS GENERALES

A mi mente vienen varios ejemplos comunes. Usted se entera de que una querida amiga, una mujer que está en la edad media y que ha sido saludable durante toda su existencia, se encuentra hospitalizada y va a visitarla. La enfermedad no es considerada mortal, pero tiene fiebre alta y el médico la está sometiendo a varias pruebas para identificar su causa. Usted se marcha del hospital, y mientras se dirige a su casa ora, diciendo: «Señor, yo amo a esta persona. Ella ha vivido una vida de fe extraordinaria y ha sido un verdadero ejemplo para mí. Te ruego que le des alivio y que permitas que se recupere. Líbrala, por favor, de todo lo que le esté produciendo esta fiebre.» Usted se va a la cama esa noche, confiado plenamente en que Dios ha escuchado su oración y que honrará su petición, y duerme bien.

El agudo sonido del teléfono le despierta muy de mañana, y otra amiga, que se ha quedado en el hospital durante toda la noche le dice que su amiga ha muerto. Usted oró, pero ella no se recuperó. Y no hay manera de explicar por qué tuvo que morir esta amiga que disfrutaba de buena salud, que era piadosa, que estaba en la mitad de sus años, y que le quedaban todavía muchos años de vida productiva (desde la perspectiva de usted). Usted ha sido tomado por sorpresa por Dios.

Aquí tenemos otro caso. Usted tiene un empleo que le encanta, y su aplicación en su trabajo ha sido recompensada con ascensos y mejores salarios. Tiene un buen nivel de vida, y su familia está disfrutando de los beneficios de su trabajo. Usted está disfrutando del lugar donde vive y se siente seguro de que no se mudará de allí. Pero, de repente, comienza a sentir por dentro unos leves arañazos, a tener una sensación de intranquilidad y desasosiego, y piensa: *¿Por qué me está sucediendo esto, si todo me está yendo tan bien?*

Después, de repente, recibe una oferta de trabajo. Usted no la esperaba, no la estaba buscando, pero tiene que reconocer que le resulta tentadora. En el nuevo empleo hay nuevas dimensiones, nuevos retos. También están involucrado un ascenso considerable y un sueldo mayor, pero tendría que mudarse a otro estado. La buena noticia es que el clima es mejor allá, y que en ese lugar viven también viejos amigos suyos.

Usted comienza, entonces, a buscar la dirección de la Palabra de Dios. Habla con personas que respeta y cuyo andar con el Señor es más maduro que el suyo. Ora, espera, y finalmente piensa: «Estoy seguro de que esto viene de Dios. Él me está dando una oportunidad totalmente nueva y emocionante. ¿Por qué no aceptarla?» Se siente en paz con la decisión, por lo que renuncia a su empleo y se muda. Pero no transcurren tres meses antes de que diga: *Este trabajo no va conmigo.* No es lo que esperaba, pero trata de seguir adelante. Usted piensa: *Si solo me esfuerzo más en mi trabajo y le dedico más horas, y espero un poco más de tiempo, la cosa cambiará.* Pero no sucede así, sino que las cosas empeoran, y después de pocos meses ha perdido el trabajo. El plan inescrutable, insondable e infinito de Dios que usted no puede explicarse, es para usted toda una sorpresa.

En el misterio de la voluntad de Dios a veces nos vemos en situaciones en las que no podemos explicarnos por qué salieron las cosas de cierta manera. Sin embargo, increíblemente, seguimos estando en el centro de su voluntad. No fue usted ni yo quienes creamos un problema, sino que Dios sorprende a los suyos con cierta regularidad. Tal como hemos ilustrado a través de todo este libro, la Biblia está llena de historias como estas.

Ahora bien, antes de que avancemos más, permítame darle una respuesta al escéptico que esté pensando lo siguiente: *Bueno, quizás Dios no tiene nada que ver, en absoluto, con estas «sorpresas.» La vida es así, y ella sigue su marcha a la ventura. Tal vez Dios no hace sino actuar desde cierta distancia. Él es un Dios que solo se ocupa de cosas grandes. Está involucrado en cierta manera en los asuntos de las naciones y en la escena internacional y en la guerra y en toda esa serie de cosas, pero cuando se trata de los asuntos de nuestra vida diaria, Él no está en verdad interesado.*

No es así. La Biblia contiene numerosas declaraciones que refutan esa idea. Aquí presento apenas tres de ellas:

Porque él contempla los confines de la tierra y ve debajo de los cielos (Job 28.24).

Mi caminar y mi acostarme has considerado; todos mis caminos te son conocidos (Salmo 139.3).

Los caminos del hombre están ante los ojos de Jehovah, y él considera todas sus sendas (Proverbios 5.21).

A mí esto no me da a entender como que tenemos a una Deidad distante. Dios tiene un conocimiento perfecto de todo y, como ya hemos aprendido, Él es soberano sobre cada uno de los hechos de nuestra vida y nada escapa de su atención. Hasta el número de nuestros cabellos están contados, y Él lo sabe todo acerca de nosotros. Somos como un libro abierto delante de Él. Pero, además, Él es inmutablemente fiel. Sin embargo, el Señor nos sorprende deliberadamente con tareas difíciles, muertes prematuras o inesperadas, pérdidas de trabajo y circunstancias decepcionantes a lo largo del camino, aun cuando seguimos estando en el núcleo de su voluntad. Enfrentémoslo: todo ello es un misterio.

VOLVIENDO A UN EJEMPLO ESPECÍFICO

Regresemos y profundicemos un poquito más en la prueba que sufrió Abraham y que aparece registrada en Génesis 22. Allí vemos a Dios hablando de manera clara, franca y directa. No tartamudea, ni vacila al dar la orden: «Toma a tu hijo, a tu único, a Isaac a quien amas.»

A estas alturas, ya Ismael y Agar han sido echados de casa y de la vida de Abraham. Pero, para que Abraham no tenga la tentación de ir a buscar a Ismael para ofrecerlo en holocausto, Dios le dice específicamente: «Quiero a Isaac sobre ese altar. Ofrécelo como holocausto.» La palabra hebrea es *olah*, que significa «una ofrenda del todo quemada.» Si se trataba de un animal, eso incluía desde las patas hasta la cabeza, todo absolutamente. «Quiero a Isaac sobre el altar, consumido por el fuego, y el olor que suba hasta mí será un acto de adoración de tu parte, Abraham.»

¿Sabe usted lo que a mí me resulta admirable? No leer ninguna réplica o siquiera un momento de vacilación por parte de Abraham. Y en caso de que usted piense que Isaac no era sino un niñito, un nene que estaba comenzando a dar los primeros pasos, observe que cuando ellos llegan a la montaña él es quien lleva la leña para el fuego. Así, pues, es probable que Isaac estuviera en los últimos años de su adolescencia, por lo menos.

Mientras marchan se produce un diálogo que me conmueve cada vez que lo leo. Isaac dice: «¡Padre!» y Abraham responde: «Dime, hijo.» Isaac continúa hablando: «Tenemos el fuego y la leña, ¿pero dónde está el cordero? ¿Dónde está el sacrificio?» Isaac había visto a su padre ofrecer sacrificios anteriormente, y él sabe lo que es eso. «Papá... ¿qué estás pensando utilizar como sacrificio?»

La respuesta de Abraham es nada menos que admirable: «Dios lo proveerá, hijo mío... Dios proveerá el sacrificio.»

Dios no es como nosotros. Ya hemos establecido bien eso en los capítulos anteriores. Sus caminos son más elevados que nuestros caminos, y su voluntad es diferente a la nuestra. Dios tiene un plan que es más profundo que cualquier cosa que usted o yo podamos imaginar, y mucho menos entender.

Esto constituye una prueba para la fe de Abraham. «¿Es tu temor a mí mayor que tu amor por tu muchacho? ¿Es tu confianza en mí más fuerte que tu afecto por tu propio hijo?»

Abraham pasa la prueba. Total y estoicamente obediente, construye el altar, arregla la leña y ata a su hijo. Isaac se da entonces cuenta de lo que está sucediendo. Abraham lo coloca en el altar encima de la leña, y yo estoy seguro de que le habría hundido el cuchillo en el pecho a su hijo de no haber intervenido Dios con otra sorpresa.

—¡Abraham! ¡Abraham! —el Señor lo llama.

—¡Aquí estoy! —le responde.

—No asestes el golpe. No sacrifiques a tu hijo. Me has temido y obedecido por encima de todos, aun de tu precioso hijo —le dice el Señor.

Esto sí que se llama una sorpresa, una maravillosa sorpresa. Esto es lo que yo llamo una sorpresa en una crisis familiar. Las palabras no son suficientes para expresar cuán preciosos son los hijos para sus padres. Pero en el plan de Dios, quien planta ese amor paternal en lo más profundo de nuestros corazones, Él también, de una manera u otra, tiene maneras de ayudarnos a entregarle a Él nuestros hijos, uno a uno. Una cosa es amar a nuestros hijos y cuidar de ellos, vigilarlos y proveer para sus necesidades; pero otra es colocarlos en un nivel de adoración superior a nuestra adoración a Dios. Una cosa es estar agradecidos por ellos, criarlos y educarlos; pero otra cosa es convertirlos en nuestros ídolos.

Alguien me dijo hace poco que Dios nos proporciona las cosas, según parece, con el único propósito de enseñarnos a devolvérselas. Él no quiere que nos aferremos a ninguna cosa; quiere que aprendamos a renunciar a todas a favor de Él.

¿Va el Señor a utilizarlo a usted de una manera extraordinaria? Muy probablemente. ¿Va Él a prepararlo como usted espera? Probablemente no. Y si no está alerta, verá todas las pruebas, las experiencias, las interrupciones repentinas, los desengaños, las tristezas, los trabajos perdidos, las oportunidades desaprovechadas y los momentos de abatimiento, y pensará: *Él ya no quiere saber nada de mí, Él ya se desentendió de mí.* Cuando en realidad lo que está haciendo es equipándolo.

«Dudo mucho de que Dios pueda utilizar poderosamente a alguien hasta que lo haya quebrantado profundamente», dijo A.W. Tozer.[1]

¿Por qué razón me extiendo en esto con tanta deliberación? ¿Por qué vuelvo a esto una y otra vez en este libro? Porque estoy convencido de que estas experiencias no son la excepción, sino la regla. Nuestra idea en cuanto a la voluntad de Dios es que Él dirige como dirigimos nosotros, y que planifica como nosotros planificamos. Pero no es así. Su voluntad no es así, en absoluto. En realidad, hay cuatro sencillos principios que necesitamos recordar en cuanto a la dirección de Dios.

Primero: El método preferido de Dios es la sorpresa. Por tanto, espere sorpresas. Repito: las sorpresas son la regla, no la excepción.

Segundo: Las sorpresas de Dios requieren flexibilidad y adaptabilidad de parte suya. Cuando usted se encuentra en una situación que no esperaba, tiene que adaptarse; está obligado a adaptarse. Dios no ha cometido un error; tampoco usted ha cometido un error. Usted simplemente se encuentra en medio de un proceso de desarrollo interno que es parte de la disposición hecha por Dios de los acontecimientos, por más dolorosos que puedan ser.

En nuestra familia, Cynthia llama a estos cambios arreglos de «Plan B.» «Bien, pasemos al Plan B hoy», suele decir con frecuencia. Esperábamos el Plan A, porque todo parecía muy claro. Pero de repente viene una sorpresa y tenemos que ocuparnos de otra serie completa de planes. Entonces entra en acción el Plan B, doblegándonos ante la sorpresiva voluntad de nuestro Padre Celestial.

Tercero: Detrás de las sorpresas de Dios hay propósitos de los cuales no tenemos conciencia. Evalúe esas sorpresas, y recuérdese a sí mismo que no se ha producido ningún error; que no ha habido ningún accidente. Dios lo ha planeado todo deliberadamente. De modo que, en vez de compadecerse, ore diciendo: «Señor, ilumíname en esto. Ayúdame a entender por qué razón mi trabajo no es lo que yo pensé que sería. Ayúdame a aprender lo que sea capaz de aprender a través de esta pérdida, a través de todo este reordenamiento de las cosas. ¿Por qué entorpeciste mis planes y me trajiste tan obviamente de allá a acá? ¿Por qué, después de haber orado, tu respuesta fue no? ¿Qué es lo que quieres que aprenda en todo este proceso?» En vez de amargarse, irritarse y desilusionarse, en vez de llamar a todo lo ocurrido «un error», hágase la pregunta: «¿Qué puedo aprender de todo esto?»

Cuarto: Cuando Dios nos sorprende, Él nos da suficiente gracia para manejar lo inesperado. Si nos apoyamos en Él, el Señor suplirá todo lo que necesitamos para soportar todo lo que Él traerá sobre nosotros.

Cuando hablé recientemente de esto en un sermón, un miembro de nuestra congregación que estaba pasando por una difícil prueba con dos de sus hijos, me pasó una nota que decía lo siguiente: «Gracias, Chuck. La gracia de Dios es suficiente, pero a veces el proceso asusta.» Así es.

Las sorpresas de Dios pueden asustarnos y perturbarnos mucho, y pueden empujarnos al límite absoluto. ¿Pero sabe usted lo que está aprendiendo a hacer en este proceso de lidiar con las sorpresas que Dios da? Está aprendiendo a pensar teológicamente, a ver la vida desde una perspectiva vertical. Al hacerlo, usted podrá renunciar a su hijo; podrá hasta aceptar maltratos sin volverse un amargado; podrá manejar las recompensas postergadas. La lista sigue y sigue.

El soberano Dios de las sorpresas sigue reinando soberanamente. ¡Qué agradecido estoy por eso, porque pudiera ser que la mayor sorpresa de mi vida, o de la de usted, esté muy cerca! O quizás usted está ahora justo en medio de una de esas sorpresas.

También es posible que las sorpresas que Dios da tengan como propósito ayudarle a ver por primera vez en toda su vida la gran necesidad que tiene de Él. Tal vez usted ha hecho hasta ahora lo que ha querido a lo largo de toda su vida. Pero ahora, a través de una serie de hechos demasiados complicados de describir, ha llegado a reconocer lo siguiente: «Nunca hubo antes en mi vida un momento en que haya realmente rendido nada a este Dios invisible del que usted me está hablando.»

Dondequiera que usted se encuentre ahora en este viaje llamado la vida; dondequiera que esté empleado; dondequiera que se halle en su situación familiar; cualquiera que sea su edad, o como esté su salud o lo que sea su estilo de vida, Dios puede estar preparándolo para darle una gran sorpresa a fin de probar su fidelidad a Él. De modo que, en vez de huir de Él, permítame sugerirle lo contrario: Corra *hacia* Él. En vez de buscar a alguien a quien echarle la culpa por el dolor que ahora está sufriendo o por el cambio que se ve en el horizonte, eleve sus ojos al cielo y reconozca que el cambio ha sido decidido soberanamente para el bien de usted y para la gloria de Dios.

Es algo maravilloso aprender cómo transformar las sorpresas que Dios da en oportunidades de rendir a Él todo aquello a lo cual nos hemos estado aferrando por tantos años. Pero tengo que advertirle algo: Nunca es fácil.

Para Abraham, la sorpresa fue Isaac. Para usted, ¿cuál será?

11

Puertas que se cierran y puertas que se abren

¡Ah, qué respuesta tan imprecisa hay para el alma cuando está
ansiosa de certidumbre en esta vida!

—George Meredith, en Modern Love [El amor hoy en día]

Cuando un roble es derribado, todo el bosque resuena con él; pero cien bellotas son plantadas silenciosamente por una brisa inadvertida.

—Thomas Carlyle, en *On History* [Sobre la historia]

Capítulo once

Puertas que se cierran, y puertas que se abren

USTED Y YO HEMOS VIAJADO juntos un largo trecho a través de estas páginas. Hemos recordado algunas cosas que habíamos olvidado, y aprendido algunas que no sabíamos antes. No sé qué piensa usted, pero para mí ha sido un viaje útil. Lo necesitaba, después de haber pasado estos últimos cinco años haciendo algo que yo jamás pensé que haría. Pero no tenía otra alternativa después que Dios cerró de un portazo todas las demás puertas.

Una puerta cerrada de un portazo es un sonido discordante; no es un sonido que nos gusta escuchar mucho. Y es, además, una cosa aún más dura de experimentar, especialmente si usted ha buscado sinceramente hacer la voluntad de Dios.

Usted ha orado; ha buscado seriamente el consejo de personas que admira y respeta; ha estudiado partes de la Palabra de Dios que pudieran muy bien conducirlo a donde debe ir; ha pasado tiempo a solas sopesando los pro y los contra; tiene un corazón dispuesto y un espíritu preparado; su alma está ilusionada. Y casi justo en el momento que está más cerca de su objetivo, ¡bang!... la puerta se le cierra de un portazo.

Eso puede ser decepcionante, dolorosamente decepcionante.

No estoy diciendo que la puerta se le cerró porque usted estaba viviendo en pecado o porque su corazón se volvió contra lo que el Señor quería, o porque de alguna manera actuó con egoísmo. Simplemente se le cerró, y nadie puede explicar la razón. Por tanto, usted se tambalea y retrocede. Habla con el Señor y es como si los cielos fueran de bronce. La puerta se ha cerrado, y punto. Fin de la historia. ¿Pero en verdad es así?

Usted cultiva una relación sentimental con una excelente persona durante meses, a veces por más de un año, y se enamora profundamente de ella. Y justo antes de hablar de matrimonio, ¡bang!... el romance se enfría y se termina la relación. Una puerta cerrada.

Usted anhela con todo su corazón hacer un postgrado en cierta universidad. Tiene buenas calificaciones, un buen currículum y todo lo necesario para tener un buen rendimiento académico. Pero solo hay cupo para cierto número de alumnos, y cuando llega el momento de hacer la selección final, ¡bang!... usted no es escogido. Casi puede escuchar cómo se cierra la puerta de un portazo. No hay ninguna explicación, ninguna razón para que eso ocurra, y usted se siente desilusionado.

Quiero decirle que Cynthia y yo, en casi cuarenta y cinco años de matrimonio, hemos encontrado algunas puertas cerradas a las que, hasta el día de hoy, no hemos podido hallar explicación alguna. De todo corazón buscamos afanosamente hacer lo que creíamos que era la voluntad de Dios. Pedimos su dirección, nos postramos delante de Él, no nos aferramos a nada, y estuvimos dispuestos a renunciar a todo lo que fuera para que sucediera lo que esperábamos. ¡Bang! Una puerta cerrada.

A estas alturas de nuestra vida, ya no necesitamos que nos recuerden que la vida cristiana no estar ya en la gloria. Si usted piensa que es así, después de todo lo que hemos visto en los capítulos de este libro, entonces voy a decirle que se baje de esa nube de una vez por todas. Eso no es solo una creencia poco realista (el creer que con Cristo toda va a ser felicidad hasta el día de su muerte), sino además totalmente antibíblica. Una vez que estemos en el cielo, seguros, esa será una historia diferente, pero hasta que eso ocurra no habrá muchos días que usted pudiera describir en su diario como fantásticos, increíbles, admirables, trascendentales. La mayor parte de la vida consiste en aprender y crecer, caer y levantarse, perdonar y olvidar, aceptar y seguir adelante.

El doctor Bruce Waltke, uno de mis profesores de hebreo en el seminario, solía decir: «Cuanto más tiempo vivo, y cuanto más cerca camino del Señor, tanto más creo que Él no se toma el tiempo para explicar el porqué de las cosas. Por tanto, confiamos en Él, sin esperar en nuestra vida que los «por qué» sean respondidos.»

Yo encuentro un consuelo parecido en el tercer capítulo de Apocalipsis. Este capítulo habla no solo de quién es el responsable de las puertas cerradas, sino que también pone la responsabilidad sobre quién corresponde: sobre el Señor, y en nadie más que Él.

Me he referido antes en este libro al soberano Alfarero que hace con la arcilla lo que mejor le parece. Yo he observado a algunos alfareros hacer su trabajo, y es algo que me resulta divertido. Los he visto majar la arcilla de repente y comenzar todo de nuevo. Cada vez que lo hacen, la arcilla luce de una manera completamente diferente. Y cuando los alfareros son buenos, pueden comenzar una y otra vez, haciéndolo cada vez mejor.

Dios es el alfarero y nosotros la arcilla. Es Él quien da las ordenes, y nosotros quiénes las obedecemos. El Señor nunca tiene que dar explicaciones, ni pedir permiso a nadie. Tampoco nos informa con anterioridad que estamos a punto de encontrar una puerta cerrada. Él nos está moldeando a semejanza de su Hijo, no importa el dolor y la angustia que eso pueda requerir. Aprendemos esas lecciones con un poco más de facilidad si recordamos que no somos nosotros los que mandamos, sino Él. Ese pensamiento está, precisamente, bien recalcado en el último libro de la Biblia

¿QUIÉN TIENE LA LLAVE?

En Apocalipsis 3, cuando Juan escribe bajo la dirección del Espíritu Santo, el Señor Jesucristo es quien habla y le dice al apóstol que escriba al mensajero de la iglesia en Filadelfia:

> Escribe al ángel de la iglesia en Filadelfia: El Santo y Verdadero, el que tiene la llave de David, el que abre y nadie cierra, y cierra y nadie abre, dice estas cosas: Yo conozco tus obras. He aquí, he puesto delante de ti una puerta abierta, la cual nadie puede cerrar; porque tienes un poco de poder y has guardado mi palabra y no has negado mi nombre (Apocalipsis 3.7,8).

Aquí, nuestro Señor se define a sí mismo como «el Santo», es decir, el inmaculado, y «el Verdadero.» Con esto quiere decir que Él odia el mal, que no aconseja mal, y que no se ocupa de actividades engañosas. Él es «santo»; Él es «verdadero», y Él tiene «la llave de David», que es símbolo de autoridad.

Alguien que tiene la llave de una caja fuerte tiene la autoridad de abrir esa caja. Usted tiene la llave de su casa, y eso le da autoridad para entrar en la casa. Quien no tenga la llave, no tiene el derecho de meterse en una casa.

Puesto que Jesús «tiene la llave de David», Él claramente tiene la autoridad. Observe la descripción de esa autoridad: Se describe a sí mismo como «el que abre y nadie cierra, y cierra y nadie abre.» Solo Él tiene el derecho de abrir la puerta de la oportunidad y acompañarnos a través de ella. Y así como disfrutamos de los beneficios, también soportamos las pruebas. Al ir el Señor con nosotros, vamos adelante a través de las puertas que Él abre. Él también tiene el derecho de cerrar las puertas sin dar ninguna explicación. Y la mayoría de las veces, cuando nos cierra la puerta de una oportunidad es para conducirnos a través de una puerta mejor, que ofrece mayores oportunidades... Puertas que se cierran... y puertas que se abren. Ambas son prerrogativas de Dios.

No transcurre mucho tiempo en la vida cristiana sin que nos demos cuenta de que ambas cosas ocurren con regularidad. Por más intensas que sean nuestras oraciones, y por más firmes que seamos en nuestra determinación de hacer la voluntad del Señor, habrá ocasiones cuando su respuesta será ¡no! Y eso está bien... ¡No! Una puerta cerrada.

Ahora bien, como seres humanos tenemos la tendencia a utilizar un poco la fuerza cuando nos encontramos con una puerta cerrada. Después de todo, hemos trabajado duro para lograr el plan que nos hemos trazado. Dejamos lo que teníamos, nos pusimos a hacer otra cosa, y no vamos a quedarnos de brazos cruzados ante una puerta cerrada. Por tanto, sacamos la palanca o pata de cabra de la ingenuidad, o utilizamos la dinamita de la carnalidad para abrir la puerta porque de alguna manera tenemos que abrirla.

Deténgase... deténgase, y aprenda de alguien que ha hecho eso muchas veces. Cada vez que usted fuerce una puerta, pensando que va a lograr lo que quiere, lo lamentará al final. Déjela cerrada, retírese y acéptelo. Tendrá paz si lo acepta.

UN EJEMPLO CLÁSICO

En Hechos 16 encontramos un ejemplo de cómo ocurrió esto en las vidas de algunos de los más consagrados siervos del Señor. Allí encontramos a dos misioneros de viaje por Turquía, que en el relato bíblico es llamada Asia. Están viajando de la parte sudeste del país a la región más occidental, y es extraordinario lo que sucede. Tenemos claro que Pablo y Silas eran hombres de un gran corazón. Deseaban dar a conocer a Cristo; no tenían motivos egoístas; no estaban allí por decisión propia. Pablo ya había tenido un viaje misionero muy exitoso. Bueno, tuvo sus pruebas, ¡pero qué éxito tan grande tuvo ese viaje! La iglesia en Antioquía, que los había enviado antes, los envió de nuevo. Esta vez, sin embargo, en lugar de cruzar el mar Egeo, se dirigen por tierra.

De este modo llegan «a Derbe y Listra», donde habían estado antes, y mientras se encuentran en Listra, el Señor los conduce a un joven llamado Timoteo (Hechos 16.1). Pablo y Silas reclutan al joven Timoteo y este comienza su viaje con ellos, y «así las iglesias eran fortalecidas en la fe, y su número aumentaba cada día»(Hechos 16.5).

Esto es algo singular. Están en una región pagana, en un país idólatra, pero en todas las partes la gente está viniendo a Cristo y se establecen iglesias. Ante esto, ellos debieron haber pensado: *Esto es lo más maravilloso que nos ha ocurrido en la vida.* Así, pues, dejan ese territorio conocido y se dirigen a la región de Frigia y de Galacia llenos de esperanza. Pero lea lo que sucedió.

Atravesaron la región de Frigia y de Galacia, porque les fue prohibido por el Espíritu Santo hablar la palabra en Asia. Cuando llegaron a la frontera de Misia, procuraban entrar en Bitinia, pero el Espíritu de Jesús no se lo permitió (Hechos 16.6,7).

Pero espere un momento. Ellos habían tenido éxito, todas las puertas abiertas, luz verde. La cosa estaba funcionando. Pero cuando se dirigen a las regiones más céntricas y meridionales, Dios les cierra la puerta. Esta es otra de sus sorpresas. Tenemos claro que en esas partes del territorio la gente no conocía a Cristo. Hay muchos que posiblemente jamás oirán hablar de Cristo. Sin embargo, Dios cierra esa puerta. Así que ellos piensan: *Es obvio que el Señor nos está dirigiendo más hacia las regiones del centro y del norte.* Por tanto, «cuando llegaron a la frontera de Misia, procuraban entrar en Bitinia.»

Utilicemos la geografía que conocemos para tener una mejor comprensión de su viaje. Comienzan en Carolina del Sur y se dirigen a Tennessee, pero encuentran una puerta cerrada. Entonces bajan a Alabama, Mississippi y Louisiana. «Quizás podamos hacerlo allí.» De eso nada, allí encuentran otra puerta cerrada. «Bueno, subamos a Kansas y después a Nebraska. ¿Y qué tal Dakota del Norte?» Bang, bang... más puertas cerradas. Una puerta se cierra tras otra.

Las oportunidades se cierran. No pueden hablar de Cristo. De hecho, el texto dice que «les fue prohibido por el Espíritu

Santo hablar en Asia», y más adelante «el Espíritu de Jesús no se lo permitió.»

Así pues, terminan llegando a Troas. Eso es como hacer una marcha penosa a San Francisco. La próxima vez se me mojan, ¿de acuerdo? Lleguen hasta el océano, y de San Francisco no podrán pasar. Troas era el último lugar de Turquía. ¡Estaba en la parte más al noroeste del continente!

Se dirigieron, entonces, derecho a Troas. Pablo, al ver el mar Egeo, debió haber pensado: «Señor, ¿qué es lo que está pasando?» Él, Timoteo y Silas debieron haber estado orando al Señor durante horas, y preguntándole: «¿Qué es lo que estás tratando de hacer? ¿Qué es lo que estás intentando decirnos? Mira a todas las personas que hemos dejado sin evangelizar. No nos has permitido que les hablemos ni una sola palabra a ellos.»

No sabemos cuánto tiempo estuvieron en Troas antes de que se le apareciera a Pablo la visión nocturna. A mí me enseñaron que tuvo la visión la primera noche que llegaron allí, pero el relato no dice eso. Tal vez ya habían pasado allí una semana, o quizás un mes, esperando y orando.

A todos nos gusta la acción y el movimiento, y por eso tenemos la tendencia a adelantarnos a los acontecimientos. Pero deténgase por un instante y piense en las emociones que debió generar esa desilusión. No pudieron predicar en Frigia ni en Galacia, ni tampoco se les permitió predicar a Cristo en Misia ni en Bitinia. Tuvieron que pasar de largo esos lugares llenos de gente donde tanto se necesitaban las buenas nuevas del evangelio, y dirigirse directamente a Troas. Allí, aparentemente, no habrían de predicar mucho. Troas era una gran ciudad en ese entonces. Hoy, su puerto ha desaparecido por el cieno, y Troas está ahora situada tierra adentro, pero en aquel tiempo estaba junto al mar. Hay historias que dicen que pudo haber sido la capital del continente antes de que transcurrieran muchos años. Era un centro metropolitano importante... ¿y no iban a predicar allí? Pablo y sus compañeros debieron haber tratado de descifrar qué era lo que Dios les estaba diciendo.

Usted ha tenido la misma experiencia, ¿verdad? Parecía que

tenía que hacer una cosa, y se lanzó a ella dándolo todo: tiempo, dinero, dones, esfuerzos y... ¡bang! La puerta se cerró de golpe, y usted se queda anonadado. Muchas veces es difícil saber por qué ocurrió tal cosa.

A veces, eso sucede para enseñarnos una lección invalorable. Hace varios meses que estuve hablando con un hombre que vivió años de vacas flacas en Dallas. Como a muchos a través de la década de los años 70 y comienzos de los 80, le fue muy bien en el negocio de bienes raíces. Le digo que *verdaderamente bien*. Luego me dijo: «Cuando el negocio se vino abajo fue como si uno pudiera oír las puertas cerrándose de golpe. Los bancos que estaban siendo investigados exigieron de repente el pago de los prestamos que habían hecho, y simplemente ya no hubo más dinero.» El hombre siguió diciéndome: «En aquellos días, en el apogeo de la prosperidad, yo conducía un Porsche de último modelo. Pero casi de la noche a la mañana me encontré manejando un Chevy usado y prestado. Una mañana, cuando me dirigía al peaje de una autopista, me di de cuenta que no tenía los veinticinco centavos que debía poner en la cesta.» El que una vez había sido un gran derrochador, y que ahora se había encontrado con esta puerta cerrada, me dijo: «Estuve en bata de baño en mi casa, sin hacer nada, por casi dos años, pero gracias a Dios que mi esposa pudo trabajar y así pudimos sobrevivir.» La puerta que antes estuvo abierta de par en par se cerró de repente de un portazo, y eso puso al hombre en un estado de depresión por casi dos años.

No sé cuánto tiempo pasó Pablo en Troas, pero una noche las cosas cambiaron. ¿No nos sentimos agradecidos cuando descubrimos algo importante? ¿No es ese un gran momento? ¡Imagínese la alegría de Pablo!

Le apareció una visión en la noche: Cierto hombre de Macedonia estaba de pie, diciéndole con ruegos: «¡Pasa a Macedonia y ayúdanos!»

Pero, espere un momento. No avance más; quédese justo donde está. Hay personas que leen esto y piensan: *Eso es lo que yo necesito, una visión nocturna*. No, usted no la necesita. Como ya he recalcado en este libro, no necesitamos de sueños y visiones para saber cuál es la voluntad de Dios y para que la obedezcamos. Si no tuviéramos la Biblia, sí lo necesitaríamos. Si no tuviéramos completa toda la Palabra de Dios, en verdad que nos haría falta una evidencia extraordinaria y guiada por el Espíritu Santo, de que Dios quiere que hagamos una u otra cosa.

Como ya hemos visto antes, Dios ha limitado la revelación de su voluntad a las páginas de su Palabra. Véalo de esta manera: Cuando usted agote las Escrituras, puede empezar a confiar en las visiones. Pero, obviamente, nadie puede agotar la inagotable Palabra de Dios. Ya tenemos la oración, la Palabra de Dios, el Espíritu de Dios morando en nosotros, el consejo de sabios amigos, y con eso tenemos todo lo que necesitamos. No tenemos necesidad de visiones nocturnas. Lo que más necesitamos es discernimiento de las Escrituras y tener corazones dispuestos.

Pero en ese momento Pablo necesitaba que el Señor le revelara su plan de una manera visible, y en su visión vio «que un hombre de Macedonia estaba de pie rogándole y diciendo: ¡Pasa a Macedonia y ayúdanos!»

Ahora bien, si usted no sabe mucho de geografía no puede apreciar lo que ese llamamiento requería de Pablo y sus acompañantes. Ellos están en Asia, en la parte más occidental, y Macedonia está al otro lado del mar Egeo, en la parte europea, y el hombre les está diciendo: «¡Ven a ayudarnos!» En otras palabras, los invita a venir a otra cultura, a otro idioma, a otro continente. Por un lado se les cerró una puerta, pero otra se les abrió en el otro lado. Y Pablo estaba preparado para hacerlo. Veamos cómo respondió:

En cuanto vio la visión, de inmediato procuramos salir para Macedonia, teniendo por seguro que Dios nos había llamado para anunciarles el evangelio. Zarpamos, pues, de Troas y fuimos con rumbo directo a Samotracia, y al día siguiente a Neápolis; y de allí a Filipos, que es una ciudad principal de la provincia de Macedonia, y una colonia. Pasamos algunos días en aquella ciudad. Y el día sábado salimos fuera de la puerta de la ciudad, junto al río, donde pensábamos que habría un lugar de oración. Nos sentamos allí y hablábamos a las mujeres que se habían reunido. Entonces escuchaba cierta mujer llamada Lidia, cuyo corazón abrió el Señor para que estuviese atenta a lo que Pablo decía (Hechos 16.10-14).

Hay muchas cosas que no se nos dicen. No se nos dice, por ejemplo, cuánto tiempo estuvieron tratando de ir a las otras regiones, ni cómo reaccionaron cuando se les cerraron las puertas. Tampoco se nos dice cuándo tiempo después de llegar a Troas se produjo la visión. Ni siquiera se nos dice cómo se llamaba el hombre de Macedonia, aunque no importa quién fuera esa persona. Fue una visión enviada milagrosamente por Dios. El hombre dijo: «Ven.» Por tanto, llegaron a la conclusión de que Dios los había llamado a predicar allí el evangelio, e inmediatamente fue allá adonde se dirigieron.

Este es el primer trabajo de evangelización hecho en Europa, que se registra en el Nuevo Testamento, y que significaría el comienzo de la iglesia en Filipos, Tesalónica y Corinto. Dios estaba actuando. La puerta se había abierto entonces de par en par. Había estado cerrada, pero ahora estaba abierta. Y el Señor hizo ambas cosas sin pedir permiso a nadie, sin ninguna advertencia, y sin dar ninguna explicación.

TODAVÍA HAY PUERTAS QUE SE CIERRAN Y PUERTAS QUE SE ABREN

Hace varios años que me invitaron a hablar en una reunión de Los Navegantes, que se celebraba en Estes Park, Colorado. Al final de la semana, uno de los hombres me llevó en su auto a Denver para que yo pudiera tomar mi avión. Mientras nos dirigíamos allá, me dijo:

—¿Puedo contarle mi historia?

—Por supuesto —le dije.

—En realidad, se trata de una historia de puertas cerradas y puertas abiertas.

—Excelente —le dije—. Yo también tengo algunas, pero cuénteme la suya.

—Bueno —comenzó diciendo—, mi esposa y yo no encontrábamos paz de ninguna manera viviendo en los Estados Unidos. Y mientras asistíamos a una conferencia hace años, ciertos líderes de Los Navegantes me ofrecieron la oportunidad de iniciar nuestro trabajo en Uganda.

«Uganda», dijo. «Casi no sabía cómo escribir el nombre cuando me señalaron con el dedo y me dijeron: "Tal vez es allí donde el Señor quiere que estén tú y tu familia". Regresé a casa, se lo conté a mi esposa y a mis hijos, y comenzamos a orar.»

Creo que él me dijo que en ese momento tenían tres hijos pequeños, y que el mayor de ellos iba a comenzar pronto a asistir a la escuela. De modo que le dijo a su esposa: «Mi amor, ¿estás lista para aceptar el reto de ir a Uganda?» Ella le respondió: «Si esa es la puerta que el Señor nos ha abierto, estoy lista para el reto.» Maravillosa respuesta.

Volaron, entonces, a Nairobi. Allí dejó a su familia en un hotel, alquiló un vehículo Land Rover y, después de atravesar la frontera, llegó a Uganda para estudiar la situación.

Esto sucedió poco después de haber terminado el reinado de terror de Idi Amín, me dijo mi amigo. «Una de las primeras cosas que me llamó la atención cuando llegué a la aldea donde iba a pasar mi primera noche, fue ver a varios muchachos portando armas automáticas y disparándolas al aire. Mientras seguía conduciendo el auto, me clavaron la vista y me apuntaron con sus armas.» No pasó nada, pero era esa clase de lugar explosivo, y él pensó: *Señor, ¿estás tú en todo esto?*

Y mientras el sol se ocultaba, el alma se le cayó a los pies.

Las calles quedaron en tinieblas, y él se acercó a un hotel que estaba muy poco alumbrado. Una vez adentro, se dirigió al mostrador de registro. El empleado, que hablaba muy poco inglés, le dijo que solo había una cama disponible. Así que subió un par de tramos de escalera, abrió la puerta de la habitación y prendió la luz (un simple bombillo que colgaba sobre una mesa). Vio que la habitación tenía dos camas, una sin hacer y otra todavía hecha, y de inmediato pensó: «Estoy compartiendo esta habitación con alguien más.»

¡Solo eso le faltaba! De modo que necesitaba de todo el valor que solo Dios podía darle. «Me puse de rodillas y dije: "Mira, Señor, estoy asustado. Estoy en un país que no conozco y en una cultura con la cual no estoy familiarizado en absoluto, y no tengo la más mínima idea de quién está durmiendo en esa cama. ¡Por favor, Señor, muéstrame que tú estás en todo esto!" Justo al terminar de orar, se abrió la puerta y se presentó un africano que medía unos dos metros, me miró con el ceño fruncido, y me dijo en un hermoso inglés británico:

—¿Qué está usted haciendo en mi habitación?

No supe qué decir en el momento, pero luego balbuceé:

—Me dieron esta cama, pero solo estaré aquí una noche.

—¿Qué está usted haciendo en mi país? —preguntó de nuevo el africano.

—Bueno, trabajo con una pequeña organización llamada Los Navegantes.

—¡Ah! ¡Los Navegantes!

Entonces el africano esbozó una enorme sonrisa, me dio un abrazo como a su nuevo compañero de habitación y soltó una estruendosa carcajada. Después me levantó del piso y casi se puso a bailar a mi alrededor.

—¡Alabado, alabado sea el Señor —dijo el africano.

Finalmente nos sentamos a la mesa, y este hermano en Cristo, este hermano cristiano de África, dijo:

—Por casi dos años había estado orando que Dios me enviara a alguno de esta organización.

Entonces sacó un pequeño juego de tarjetas con versículos bíblicos las cuales, al pie de cada una de ellas, decía: «Los Navegantes, Colorado Springs, Colorado.»

—¿Vive usted en Colorado Springs? —preguntó el africano.

—Vivía —respondí—, pero he venido a Uganda para comenzar un trabajo para Los Navegantes en este país.

La puerta de una nueva esperanza se abrió de par en par en la vida de mi amigo. Ese africano se convirtió en un miembro de la junta directiva de Los Navegantes en Uganda; lo ayudó a conseguir un lugar donde vivir; lo ayudó a reconstruir una parte de su casa; le enseñó todo acerca de la cultura; lo ayudó con el idioma, y se convirtió en su mejor amigo durante los muchos años que estuvieron allí, sirviendo a Cristo... «el que abre y nadie cierra, y cierra y nadie abre.»

Hay puertas que se cierran, hay puertas que se abren, y vidas que son transformadas.

CUATRO PAUTAS QUE SERVIRÁN DE AYUDA

Si usted está todavía luchando con una puerta cerrada, le tengo cuatro pautas, pautas que a mí me han ayudado en mi propio proceso de lidiar con las puertas que Cristo ha abierto y ha cerrado.

1. *Puesto que Dios es soberano, Él tiene todo el control.* ¿Me permite que repita la declaración que aparece en Apocalipsis 3? «Yo soy el que abre y nadie cierra, y cierra y nadie abre.»

2. *Por tener todo el control, Dios tiene toda la responsabilidad de los resultados.* No trate de llevar la carga. Usted no tiene la responsabilidad de hacer funcionar el plan divino. Su tarea es andar en la voluntad de Dios, sea como sea. Y la de Dios, hacer que su voluntad se cumpla.

3. *El cierre de una buena oportunidad sucede para llevarlo a usted a otra mejor.* Medite en la historia que acaba de leer: una buena puerta cerrada en los Estados para esa querida familia; una mejor puerta abierta en Uganda.

He oído innumerables historias como esta a lo largo de todos mis años de ministerio. «Me encontré con una puerta cerrada... Llegué al final de la cuerda, y me puse la soga al cuello... Pero confié después en el Señor en todo este proceso, y usted no podrá creer lo que sucedió como resultado de no seguir yendo en la dirección que se suponía que debía ir.» Dios tomó el control y convirtió una desdicha en una gran alegría.

4. *No será hasta que atravesemos la puerta abierta que nos daremos cuenta de la necesidad de por qué la anterior estuvo cerrada.* Como resultado de obedecer a Dios, de hacer su voluntad, de aceptar las puertas cerradas, y de pasar por las que están abiertas, el Señor le honrará con una perspectiva que de otra manera jamás habría tenido.

Permítame volver a mi historia de Uganda. Después de más de doce años, el trabajo de Los Navegantes estaba muy bien establecido y la obra de nuestro amigo terminada, de modo que otra persona del equipo de Los Navegantes continuó el trabajo, y mi amigo y su familia regresaron a los Estados Unidos.

No había transcurrido un año completo después de su regreso, cuando la clase a graduarse de la escuela secundaria a la que pertenecía su hijo hizo su acostumbrado viaje, esta vez a Washington, D.C. El padre le dijo a su hijo antes de que este se marchara: «Aquí tienes cuarenta dólares. Quiero que compres algo para ti que te sirva de recuerdo especial de este viaje que harás al Congreso de nuestro país.»

Así, pues, su hijo se marchó a Washington, D.C. para estar allí durante varios días. Cuando regresó, trajo un paquete y dijo: «Quiero darte una sorpresa, papá.» Entonces el padre esperó hasta que su hijo lo llamó a su cuarto. Cuando mi amigo entró a la habitación vio, desplegada sobre la cama, una inmensa bandera de Uganda. «Esto es lo que compré con el dinero que me diste», dijo el joven. «Esos años que pasamos en Uganda fueron los mejores años de mi vida, papá.»

Eso sí que es tener perspectiva. El hombre temía que ir a Uganda podría causarle algún daño a su familia o crearle problemas, cuando en realidad, su hijo tenía ahora una firme pasión por el servicio a Dios fuera de las fronteras de los Estados Unidos. Era una pasión que el joven nunca hubiera tenido de no haber sido él obediente, y de no haber atravesado la puerta abierta que Dios le presentó.

Dios está lleno de sorpresas, ¿no le parece?

Tal vez usted ha llegado a una puerta cerrada y le ha hecho frente; la ha estado empujando y luchando contra ella. Tal vez ha buscado a alguien a quien culpar; quizás ha decidido que lo que pensó hacer es lo que se supone que debiera estar haciendo, y le resulta difícil aceptar el hecho de que la puerta esté verdaderamente cerrada.

Acéptelo, renuncie a la lucha, acéptelo, hermano... acéptelo.

Usted ha llegado a su propia Bitinia o a su propia Frigia; a su propia Galacia o su propia Misia, y para sorpresa suya la puerta ha sido cerrada. Si es así, pídale al Señor que se reúna con usted en su Troas personal, mientras mira el vasto mar de posibilidades que tiene por delante. Pídale que le dé paz en una dirección totalmente nueva. Y manténgase accesible, esté dispuesto... ¡y prepárese para una sorpresa!

Es fácil desilusionarse y desanimarse y pensar que no hemos entendido la voluntad de Dios, cuando, en realidad, estamos en el centro mismo de esa voluntad. Es difícil aceptar que nuestros sueños se desvanezcan, que nuestras esperanzas no se cumplan, enfrentar un futuro desconocido y poco familiar y, a veces (si supiéramos lo que va a ocurrir) indeseable. Pero Dios tiene su manera de guiarnos certeramente por sendas de justicia por amor de su nombre.

¿No cree usted que ya es tiempo de que deje de tratar de entenderlo todo? Acéptelo, hermano... acéptelo. Si lo hace, cambiará mucho el gastar energías y tener preocupaciones por tranquilidad y descanso. Le diré, si me lo pregunta, que ese es un magnífico negocio. O pregúnteselo a mi amigo que entró por esa puerta a Uganda.

12

Una mejor manera de ver la voluntad de Dios

Al tratar de comprender tantos secretos, dejamos de creer en
lo incognoscible. Pero allí está sentado, lamiendo
calmadamente sus postas.

—H. L. Mencken, en Minority Report [Informe de la minoría]

Lo único que importa es la voluntad de Dios, no mis deseos ni mis necesidades personales. Cuando yo jugaba tenis, jamás le pedía que me diera la victoria en un partido. Tampoco oraré ahora para que me cure.

—Arthur Ashe, *exjugador de tenis profesional*

Capítulo doce

Una mejor manera de ver la voluntad de Dios

COMO HEMOS VENIDO DICIENDO desde que comenzamos este viaje juntos, Dios generalmente lleva a cabo su voluntad de maneras inesperadas, y esas maneras están llenas de giros sorpresivos. Pero permítame que le asegure esto: Si bien ninguno de nosotros tiene la capacidad de adivinar el futuro, Dios trama algo grande. Y si pudiéramos saberlo sería maravilloso, ¿no le parece?

Bueno, no se ilusione mucho, porque usted jamás lo sabrá. Como hemos repetido hasta la saciedad, sus decisiones son inescrutables y sus caminos insondables, lo cual nos trae al punto donde comenzamos este libro: el misterio de la voluntad de Dios.

Hace poco estuve en Israel, sentado en los peldaños de las escaleras de la parte sur del templo de Jerusalén con un grupo de turistas llevado por nuestro ministerio Visión para Vivir, mientras Steve Green cantaba el himno «I Walked Today Where Jesus Walked» [Hoy caminé por donde caminó Jesús]. En ese momento un pensamiento me pasó por la mente: *No solo estoy caminando por donde Él caminó, sino que estoy caminando con Él. Hasta donde sé, estoy en el núcleo del plan de Dios para mi vida. Y el estar en el centro de donde Él me ha puesto, justamente aquí cerca de las antiguas murallas de Sion, es algo que me produce contentamiento.* (¿Y quién no se sentiría igual, sentado allí y escuchando la hermosa voz de Steve?)

Pero, a diferencia de ese viaje de turismo, donde todos sabíamos anticipadamente dónde llegaríamos, qué habitación nos tocaría en el hotel, dónde nos detendríamos para comer, no tengo ninguna idea de adónde me va a llevar este viaje de toda la vida en compañía del Señor. Realmente, lo ignoro por completo. Lo mismo es verdad para usted, como hijo de Dios que es. Usted no tiene manera de saber lo que experimentará ni siquiera dentro de un minuto. Tampoco sabe qué vidas está impactando, ni adónde lo llevará el día de mañana. No conoce el día de su muerte, ni cómo planea el Señor llevárselo de este mundo. Todo esto es parte de su profundo plan, de su misteriosa voluntad. Solo Él conoce los detalles. Sin embargo, cuánto más envejezco, más me gusta que sea así.

En este momento estoy involucrado en el inicio de una nueva iglesia en la parte norte de Dallas, en lo que fue una vez una comunidad agrícola llamada Frisco, una población que está creciendo muy rápido. Ahora bien, si alguien me hubiera dicho hace un par de años que yo estaría involucrado en el establecimiento de una nueva iglesia en Frisco, Texas, habría respondido: «¿Dónde queda eso?» ¡Pero aquí me tienen, en medio de otras de las sorpresas de Dios! Y hace dos años que yo habría jurado que el ministerio Visión para Vivir estaría ubicado en el área de Dallas en estos momentos. Pero no ha sido así todavía. Tal vez el año próximo. Tal vez nunca. ¿Quién puede saberlo?

Tengo dos metas permanentes en mi vida: Primera y principal, *el deseo de aprender a pensar bíblicamente.* Quiero ver la vida a través del lente de los ojos de Dios por el resto de mis días. No quiero discutir con Él, no quiero pelear con Él, ni siquiera necesito comprenderlo. Lo único que deseo desesperadamente es obedecer su voluntad. Quiero, entonces, ver la vida, ya sea de luchas o de alegrías, ya sea perdiendo o ganando, a través de la perspectiva de Dios.

Quiero poder volver a las Sagradas Escrituras y encontrar dirección y ayuda en ellas. Y si no puedo encontrar las respuestas, quiero confiar y esperar en Dios, aunque no pueda comprender la razón que hay detrás de lo que estoy viviendo. Y también quiero tener paz interior a través de todo eso... Verdadero contentamiento, como el que sentí estando en esos antiguos escalones del templo de Jerusalén.

En segundo lugar, muy cerca, está la segunda meta: *Quiero animar a otras personas a hacer lo mismo que yo.* Quiero ayudarlas descubrir cómo hacer lo que yo estoy aprendiendo a hacer. Esta es la razón por la que escribí este libro.

Estoy convencido de que todo lo que hay dentro de nosotros clama contra esa manera de pensar y de esa manera de vivir, ya que, desde que éramos unos niñitos, siempre hemos sido muy egocéntricos. Nuestro mundo gira en torno de lo que queremos y cuándo lo queremos. Y si alguien más lo tiene, nosotros lo deseamos aun más. Y cuando lo obtenemos, queremos quedarnos con ello. Pero eso no nos satisface, por lo que nos ponemos a buscar algo más. Algo más... siempre más. Así, pues, a menos que algo drástico se produzca y nos lleve a cambiar esa perspectiva egocéntrica, pasaremos toda la vida concentrados en nosotros mismos y no en Dios.

El resultado de todo esto es que vemos a Dios a través de ojos humanos. Pensamos que Él se parece realmente mucho a nosotros, excepto en que es más viejo y más fuerte. Pensamos que su voluntad es muy parecida a la nuestra, excepto en que Él es más inteligente y tiene una perspectiva mayor de las cosas. Pretendemos que el carácter de Dios se ajuste a nuestro estilo de vida, por lo que, cuando Él nos lanza una curva, lo vemos como injusto e indigno de confianza. O, lo que es peor, nuestra fe se hace añicos cuando a las personas (o a los niños, o a los países enteros) que admiramos les suceden cosas malas.

Por ejemplo, si yo fuera Dios (lo cual es un pensamiento aterrador en sí mismo y de sí mismo) jamás habría permitido que Dietrich Bonhoeffer muriera a la edad de treinta y nueve años en un campo de concentración. Habría ayudado a alguien a deshacerse de Adolfo Hitler y luego le habría dado a Bonhoeffer cincuenta o sesenta años más de vida para que modelara la gran vida de fe, y también para que escribiera más sobre ella.

Si yo fuera Dios, jamás habría permitido que Jim Elliott y esos otros excelente jóvenes hubieran sido asesinados por los indios aucas a mediados de la década de los años 50. Jamás lo habría permitido. Los habría utilizado de manera que hubiera considerado útil, para muchos, durante muchos años.

Si yo fuera Dios, jamás habría dejado que Corrie ten Boom y su familia hubieran sufrido como sufrieron. Jamás. Porque no es justo tratar a personas tan piadosas de esa manera. Puedo pensar en algunas personas a las que pudiera haber hecho sufrir así, pero no habría sido a Corrie ten Boom, ni tampoco a Dietrich Bonhoeffer. Habrían sido personas que sentía que lo merecían, porque esa es la manera humana de hacer las cosas... y de allí mi manera de pensar.

Si yo fuera Dios, no habría permitido que la madre de Chuck Swindoll hubiera muerto a la edad de 63 años, ni tampoco que su padre tuviera una muerte lenta y dolorosa nueve años más tarde. Yo no habría hecho eso. Mi madre era quince años más joven que mi padre, de modo que ella debía haberlo sobrevivido quince años. Eso habría sido lo lógico, ¿no le parece? Claro que sí, desde nuestra perspectiva humana.

Y si yo fuera Dios, no hubiera permitido que usted pasara por todas las cosas duras que pasó durante estos últimos doce meses. Usted merecía ser tratado de mejor forma. Bueno, la mayoría de ustedes, en todo caso.

Esta puede ser la forma de pensar sensible, lógica, horizontal desde el punto de vista humano... pero no la forma bíblica de pensar. Eso es poner a Dios en ropas humanas y darle nuestras emociones humanas. Eso es llamar justo a lo que yo considero justo, correcto a lo que yo considero correcto, y malo a lo que yo considero malo. Solo que hay un gran incidente que estropea todo el encanto: Dios no puede ser encasillado en nuestro humano sistema de ideas. Esto nos lleva de nuevo al punto de partida que, repito, es la razón por la que decidí escribir este libro. Hay un misterio, una atmósfera particular acerca del Dios vivo cuyo propósito es obligarnos a confiar en Él, aun cuando no podamos descifrarlo (lo cual sucede la mayor parte del tiempo). ¿Por qué razón? Porque, como ya hemos dicho en estos capítulos, Él es inexplicable, insondable, infinito.

Pero este misterio tiene un propósito determinado porque su plan general es profundo. No olvidemos que su plan no ha sido diseñado para que nos sintamos cómodos, sino para hacernos más como Cristo, para que nos conformemos a su voluntad. Tampoco ha sido hecho con el propósito de que tenga sentido humano. En realidad, la mayoría de las veces *la voluntad de Dios es completamente ilógica desde el punto de vista humano.* Sí, como se lo estoy diciendo.

Nosotros, en esta vida, hacemos decisiones focales. Podemos enfocarnos en nosotros mismos, en nuestras circunstancias, en las demás personas, o enfocarnos en Dios. Cuando usted piensa bíblicamente (que es otra manera de decir teológicamente), su primer enfoque es Dios. Independientemente de lo que usted quiera, a pesar de todas las circunstancias bajo las cuales se encuentre (a propósito, ¿qué está usted haciendo allí abajo?), a pesar de lo que los demás digan o piensen, y a pesar de cómo se sienta, Dios y solo Dios está llevando a cabo su gran plan, ¡un plan que al final será fabuloso!

Pero, espere. En el curso de todo este misterio insondable, no debemos convertir a Dios en una Deidad cruel, injusta e iracunda porque, como ya he dicho, Él tiene un propósito divino en mente. Pero eso no significa que Dios simplemente lanza sin ningún miramiento a las personas a los vientos del destino y después se queda con los brazos cruzados y pensando: *Anjá, veamos ahora si pueden salir de ésa.* Dios no es así. Como ya hemos dicho, Él está lleno de tiernas misericordias, es fiel hasta el fin, y derrama compasión.

Tal y como vimos al comienzo de este libro cuando hablamos de Job y de Jeremías, aun antes de la fundación del mundo Dios diseñó y armó el plan que incluiría a los misioneros martirizados, a los Corrie ten Boom, a los Dietrich Bonhoeffer, y a millones de otros nombres que pudiera mencionarle cuyas vidas

(¡y muertes!), en términos humanos, no tuvieron ningún sentido.

Para nosotros, ese es un concepto difícil de comprender, y aun más difícil de captar, porque ese conocimiento está más allá de nuestra manera humana de razonar. Nosotros jamás conocemos a alguien antes de que nazca, y no podemos hacerlo porque somos finitos. Pero hacemos bien si aprendemos un poco de la historia, viéndola con una retrospectiva clara.

Nosotros nos ocupamos de nosotros mismos. Siempre estamos queriendo ser el número uno. Estamos demasiado concentrados en cómo nos vemos y en lo que la gente pueda estar pensando o diciendo de nosotros. Si nos falta un botón en la camisa o en la blusa, se requiere de todo nuestro esfuerzo para mantener la calma hasta poder apartarnos un momento y arreglar el asunto.

¿Por qué es así? Porque no pensamos teológicamente. En conclusión, pensamos humanamente. No estamos tan preocupados por lo que la Biblia enseña como sí lo estamos por lo que los demás piensan y sienten acerca de nosotros. Si usted y yo creyéramos verdaderamente en las promesas de Dios, no nos habríamos angustiado la semana pasada como lo hicimos. No habríamos tratado de tomar sobre nuestros hombros esa enorme carga que está más allá de nuestra capacidad. No habríamos justificado lo malo que hicimos, ni inventado excusas para ocultar nuestras acciones. Habríamos dicho la verdad monda y lironda, sin importar las personas que resultaran afectadas por nuestra acción. ¡Qué cosa tan difícil es ser total y completamente auténticos!

Mientras tanto, y sin embargo, Dios está haciendo su voluntad en nosotros. Él nos está conformando a la imagen de Cristo, lo cual significa la disciplina, la paciencia, la fidelidad, la pureza, la actitud y la filosofía total de la vida de su Hijo. El propósito de Dios es hacernos como su amado Hijo, y esa es una tarea de toda la vida... es decir, de toda nuestra vida.

¿QUÉ HACER CON LO INEXPLICABLE?

Todo esto es una manera completamente nueva de ver la voluntad de Dios. ¿Qué quiero decir con esto? ¿Sabe lo que le aconsejaría que hiciéramos? Que pase menos tiempo analizando a Dios y más tiempo obedeciéndolo. Usted me dirá: «¿Qué consecuencias prácticas tiene eso?» Eso significa lo siguiente: Si usted obedece su voluntad y se encuentra en una situación que no puede explicar, *ni siquiera trate de hacerlo.* Si lo hace, estará valiéndose de sabiduría humana y solo enredará más las cosas. Llámelo por su verdadero nombre. Es otra de sus misteriosas sorpresas. Adiéstrese en la práctica de utilizar palabras tales como «no sé», «no comprendo», «eso está más allá de mi comprensión», «eso para mí no tiene sentido... pero está bien. Dios sabrá la razón.»

A un padre, aún joven, le diagnostican tumor cerebral. ¿Por qué tuvo que venirle esto? No lo sé. No puedo explicar eso. Si conozco la persona, mi deseo es consolarlo a él y a su familia. Mi deseo es poner mis brazos alrededor de ellos y asegurarles mis oraciones, mi amor y la confianza de que nada ha sido un error de parte de Dios. Pero esa sería la única respuesta que tendría. Ese es el límite de mi comprensión, y estaría a la expectativa al igual que ellos.

Usted y yo pudiéramos nombrar cosas, cosas específicas por las que hemos pasado en los últimos años, que no tienen ninguna lógica... pero eso está bien. No podemos entenderlas. Sin embargo, permítame asegurarle que Dios está en actividad llevando a cabo su plan misterioso (misterioso para nosotros) que desafía toda lógica humana. Así que, *deje de tratar de hacerlo humanamente lógico.* Confíe en el Señor. Si lo hacemos, comenzamos el vital proceso de pensar bíblicamente... de pensar teológicamente.

¿Se da usted cuenta de lo tranquila que pudiera ser su vida si se decidiera a vivir así? ¿Se da cuenta de cuán relajada y libre de tensiones pudiera ser? Se lo digo honestamente. Para mí es muy útil recordarme siempre a mí mismo: Él es aquel que es insondable. Él es inescrutable. Y no soy ni uno ni lo otro.

Entonces, ¿cómo podemos entender los caminos de Dios? Enfréntelo: no podemos. Eso fue precisamente lo que Salomón escribió hace dos mil años:

De Jehovah son los pasos del hombre; ¿cómo podrá el hombre, por sí solo, entender su camino? (Proverbios 20.24).

¡Qué palabras tan excelentes! ¡Qué arrogantes somos al pensar que podemos, de alguna forma, comprender los caminos del Todopoderoso!

Job, en uno de sus muchos momentos de lucha con la misteriosa voluntad de Dios, dijo:

Cuando actúa en el norte no lo diviso; se vuelve al sur, pero no lo veo (Job 23.9).

«Señor, no sé qué hacer», dijo Job. ¿Se ha sentido usted alguna vez así? Yo sí... y muy recientemente.

Cynthia y yo estuvimos luchando muchísimo tiempo con cierta situación. Finalmente le confesé: «Siento como si los cielos fueran de bronce; es como si Dios no nos comprendiera.» Poco después ella me dijo: «Siento como si solo estuviéramos susurrando palabras juntos en nuestra habitación.» Oramos, esperamos, aguardamos con fe, y oramos un poco más. Pero nada sucedió. Todavía seguimos esperando. Todavía no entendemos.

¿Se ha sentido usted así alguna vez? Job sí. «No puedo encontrar a Dios», reconoció. «Lo busco y no lo encuentro. Si pudiera Él aparecérseme, yo podría decirle lo que pienso de todo esto, y eso sería de gran ayuda.» Eso a mí me suena como si la fe de Job se estuviera debilitando un poco. Pero luego dice:

Sin embargo, él conoce el camino en que ando; cuando él me haya probado, saldré como oro (Job 23.10).

¡Magnífica, magnífica percepción! La preeminente voluntad

de Dios no tiene nada que ver con la geografía. (¿Adónde iré?) Tampoco tiene nada que ver con nuestro trabajo. (¿En dónde debo trabajar?) No es exactamente algo que tenga que ver con el automóvil que debo conducir. (¿Qué color prefiere?) La preeminente y grandiosa voluntad de Dios no se concentra en los insignificantes detalles de la vida diaria por los que nosotros nos preocupamos. La voluntad de Dios tiene que ver fundamental y finalmente con nuestro parecido a Cristo, y en ese sentido la voluntad de Dios es una prueba. Cuando Él nos ha probado, y hemos respondido en obediencia (aunque no entendamos la razón de la prueba), saldremos como oro.

«Pero sigo sin entender», me dirá usted. «No entiendo por qué está haciendo todo esto.» ¿Sabe una cosa? Eso está perfectamente bien con Él. Y por eso está bien aceptarlo. Todo ello forma parte de la formación del oro.

¿Hace esto fácil el camino? No. ¿Lo hace sencillo? No. ¿Hace que todo lo que suceda parezca lógico? Usted sabe que la respuesta es no. Entonces, ¿de qué nos sirve a usted y a mí saber esto? Lo hace tolerable, especialmente si recordamos que Dios no se equivoca.

CÓMO PENSAR TEOLÓGICAMENTE

Estamos clavados a la tierra, y no nos gusta que las cosas estén colgando. No nos gustan los principios inconexos. No nos gustan las historias que no tienen fin. ¿No se siente usted mal cuando, sin que termine una película comiencen a rodar los créditos, mientras usted dice: «¿Qué? Esperen un momento. Esperen un minuto. Quiero saber quién ganó. ¿Quién se quedó con la chica? ¿Qué sucedió?» A mí no me gusta en absoluto que una película termine así y nada más.

Pues bien, son muchas las cosas de esta vida que «terminan así y nada más.» Comienzan a rodar los créditos antes de que usted sepa qué pasó finalmente. Usted perdió el romance que pensó que lo llevaría al matrimonio. Terminó así y nada más. Esa persona lo abandonó. O perdió un matrimonio que pensó que

Dios había formado para siempre. Nuestras vidas están llenas de historias como esas, de «un acertijo envuelto por un misterio dentro de un enigma», para utilizar una frase acuñada por Sir Winston Churchill.

No sabemos la razón de las cosas, y eso está bien. Es este «está bien» lo que exige pensar teológicamente. Es también de donde procede la paz, porque podemos relajarnos si dejamos el asunto con Dios.

Esta es otra manera de decir que lo dejamos con Romanos 8. Cuando las cosas quedan colgando; cuando usted no sabe cómo terminó la película y los créditos están rodando; cuando las cosas no terminan como esperaba, es tiempo de volverse a Romanos 8. Esto funciona todo el tiempo. Yo no sé cómo habría hecho en mucho de mi vida de no haber tenido a Romanos 8 como mi estabilizador.

Cuando pensamos teológicamente, encontramos consuelo en tres cosas:

1. *Esperamos y perseveramos*. «Pero si esperamos lo que no vemos, con perseverancia lo aguardamos» (Romanos 8:25). Deje que esta verdad penetre bien hondo en usted. Lea el versículo una vez más. Cuando no vea lo que esperaba ver, ¡piense teológicamente! No huya. No se deje dominar por el pánico. No dude del amor de Dios. No pelee. Espere y persevere.

Cuando usted reciba del médico los resultados de su examen físico, espere y persevere. Es posible que sienta náuseas; es posible que sienta que le da vueltas la cabeza cuando se entera del informe negativo, pero siga esperando. Persevere. Conéctese mentalmente con su Señor y exprésele su disposición a confiar en Él totalmente.

Eso demanda fe. «Mi Señor y Dios, no sé cómo explicarlo. No sé por qué sucedió esto... ¿por qué ahora? ¿Por qué yo? ¿Por qué esto? Pero espero en ti. Estoy resuelto, por tu gracia y en tu fortaleza, a perseverar a través de todo esto, porque tú no cometes errores. Tú no tienes que explicarme nada. Estoy confiando en ti ahora mismo.» Nos arriesgamos a confiar en Él, sin saber lo que sucederá al final, ¡pero Él es digno de confianza y por eso el «riesgo» es mínimo!

2. *Enfrentamos la prueba de frente, pero de rodillas.*

Y asimismo, también, el Espíritu nos ayuda en nuestras debilidades; porque cómo debiéramos orar, no lo sabemos; pero el Espíritu mismo intercede con gemidos indecibles. Y el que escudriña los corazones sabe cuál es el intento del Espíritu, porque él intercede por los santos conforme a la voluntad de Dios (Romanos 8.26,27).

Ya usted ha pasado por esto, ¿verdad? «No sé cómo orar por esto.» Por supuesto, usted y yo hemos vivido esto cientos de veces. ¿Qué sucede? Él nos dice que «el Espíritu mismo intercede [por nosotros] con gemidos indecibles.» (Ya vimos esto antes, pero vale la pena echarle una segunda mirada.)

¡Ah, cómo gemimos en momentos así! Nuestra alma está tan turbada que no tenemos palabras para expresar nuestra angustia. Caemos de rodillas y, entendiendo la incapacidad que tenemos para decir lo que estamos sintiendo, el Espíritu Santo interpreta nuestro balbuceo sin palabras y nuestros desatinos verbales, e intercede por nosotros. El Espíritu intercede mientras gemimos de rodillas: «No sé por qué perdí mi trabajo, precisamente ahora.» «No sé por qué me he quedado sola, teniendo que criar a estos cuatro hijos sin la ayuda de mi cónyuge.» «No lo sé, Señor. Lo único que puedo hacer es gemir delante de ti.» Y así, el Espíritu intercede por nosotros, «conforme a la voluntad de Dios.»

Para esperar y perseverar hace falta fe. Una fe confiada. Enfrentar la prueba de frente, pero de rodillas, exige humildad, una humildad sumisa.

La humildad dice: «Estoy dispuesto a renunciar. Estoy dispuesto a renunciar a mi hijo, aunque lloraré mientras me dure la aflicción. Estoy haciendo todo lo que pueda para lograr la ayuda médica que necesitamos. Pero, al final, estoy rindiéndolo todo a ti, querido Padre. Y si llega la muerte, Señor, la acepto como parte de tu plan.»

Esta es cosa seria, amigos. Y necesito repetirme a mí mismo que es contrario a nuestra naturaleza humana renunciar a algo. Todo nuestro ser nos tienta a aferrarnos a las cosas, ¿lo recuerda? Pero cuando la prueba nos toca, humildemente renunciamos a todo al enfrentarla de frente... arrodillados en total sumisión.

3. *Descansamos en nuestro soberano Dios y en su plan.*

Y sabemos que Dios hace que todas las cosas ayuden para bien a los que le aman, esto es, a los que son llamados conforme a su propósito (Romanos 8.28).

A veces me digo en voz alta: «Esto es para mi bien y la gloria de Dios, aunque no tenga la más remota idea de cómo explicarlo.»

Hace varias semanas, nuestro nieto más joven, Jonathan, cayó muy enfermo. Mientras Cynthia y yo regresábamos del hospital en nuestro auto, iba pensando en ese diminuto y precioso cuerpo que estaba allá en la camita del hospital, y serenamente le dije a Cynthia: «Creo que se nos va a morir.» Esas palabras casi no me salieron de la garganta... casi no me salieron de la boca. Lo siguiente que dije fue: «Señor, tú sabes lo que es mejor. Tú sabes la razón de esto. Tú sabes lo mucho que amamos a ese niñito. Pero él es tuyo. Él ya era tuyo antes de que fuera de sus padres o de nosotros.» Cynthia y yo estuvimos llorando en silencio todo el tiempo que conducíamos de regreso a casa. Romanos 8:28 estuvo dando vueltas en mi mente una y otra vez durante las horas siguientes.

Descansamos en nuestro Dios soberano. Sabemos que Dios «hace que todas las cosas ayuden para bien» de los que le aman, y nuestro pequeño Jonathan estaba incluido en eso. Y permítame añadir aquí que la situación de usted también está incluida aquí.

En esta situación, Dios misericordiosamente decidió darle la salud. Y mientras jugaba con Jonathan ayer por la tarde, le di gracias al Señor una y otra vez. Su tierna *jesed* nos ministra a Cynthia y a mí en nuestras luchas y aflicciones.

Estoy aprendiendo que si uno piensa teológicamente no le pone límites a la frase «todas las cosas.» Entréguele «todas las cosas»: sus pérdidas, sus ganancias, su prosperidad, su quiebra, el accidente, la caída, la muerte, la enfermedad, la desilusión. Y también, ¿por qué no?, el descanso, el éxito, la sanidad, la curación, el ascenso. «Todas las cosas ayudan para bien» sea como sea. De modo, pues, que descansemos en nuestro soberano Dios. Descansemos en su plan, en lo que Él considere mejor para nosotros.

4. *Recordemos que estamos siendo conformados a la imagen de Cristo.*

Sabemos que a los que antes conoció, también los predestinó para que fuesen hechos conformes a la imagen de su Hijo; a fin de que él sea el primogénito entre muchos hermanos (Romanos 8.29).

Para esperar y perseverar hace falta fe. *Una fe confiada.* Enfrentar la prueba de frente, pero de rodillas, exige humildad, una humildad sumisa. *Humildad sumisa.* Descansar en nuestro soberano Dios y en su plan exige flexibilidad. *Flexibilidad vulnerable.* Y ser conformados a la imagen de Cristo demanda sensibilidad. *Sensibilidad dispuesta.*

«Lo importante es tu plan, Señor, no mis deseos. Yo no vine por mi propia cuenta a este mundo, y no puedo ir por mi propia cuenta al cielo. Además, yo no sé en realidad que es lo mejor para mí o para las personas que amo. Es tu llamamiento, Señor. Hazme sensible a la realidad de que eres tú quien está en control de todo, y que estás usando esto (incluso esto) para conformarme a la imagen de tu Hijo. Eso es lo que más quiero de todo.»

Aprendamos, entonces, a pensar bíblicamente, teológicamente.

Tuve un amigo muy querido, que ya está en la gloria, a quien quería mucho y de cuya compañía disfrutaba. Fue mi condiscípulo durante nuestros años de estudiantes en el seminario de Dallas. Después que terminó sus estudios, él y su esposa y su primer hijo, un varón, se mudaron al sur de California donde mi amigo obtuvo su doctorado. Mientras vivían allí, tuvieron dos hijos más, dos niñitas. Luego, un fatídico día, su niñito se metió en el patio de un vecino, cayó en la piscina y se ahogó. En esa trágica tarde ellos perdieron a su adorable niñito.

Mi amigo estaba destrozado por el dolor. Este excelente varón de Dios se metió en su carro y estuvo conduciendo durante horas esa noche por las autopistas de Los Ángeles, peleando con Dios por la muerte de su hijo. «Las cosas que le dije a Dios en la autopista», me dijo después, «jamás se las repetiría a nadie más.» Por fin, horas después, tomó la vía que lo conduciría a su casa, humedecido por el sudor y las lágrimas, y apagó su auto. Colocó la cabeza sobre el volante y finalmente dejó de sollozar. «Comprendí, entonces, en ese momento, que Dios podía ocuparse de todo esto», dijo. «Él pudo oírme, y también comprender de dónde había salido todo lo que le había dicho. Finalmente acepté la pérdida... y mi relación con Dios ha sido desde entonces más íntima que nunca.» Por fin había encontrado la paz al obligar a su mente a aceptar lo que había ocurrido. Reconoció que aun la muerte de su hijito debió estar incluida en *todas las cosas* de Romanos 8:28.

Esto es pensar teológicamente.

Si usted asesora, asesore a las personas teológicamente, y si sirve de consejero, aconséjelas teológicamente. Si está atravesando por una prueba, atraviésela teológicamente. Entrene su mente para reconocer la mano de Dios en *todo* lo que esté viviendo.

Ya hemos tenido demasiado razonamiento humanístico. Ya hemos tenido demasiada reflexión horizontal. No sigamos con eso, sino más bien comencemos a utilizar palabras tales como «no sé», «voy a confiar», «no puedo explicarlo», «renuncio a todo», porque la estrella de la función es Dios. Él es el comienzo, y Él será el final, y en medio de todo, por su gracia, nos permite ser parte de su plan perfecto... para su gloria y para nuestro bien.

Mientras tanto, esperemos un misterio.

Conclusión

En esta vida vemos por espejo, oscuramente, pero en el cielo lo haremos cara a cara ... Allá, los enigmas serán descifrados, los misterios comprendidos, los textos oscuros iluminados, y las duras disposiciones de Dios reveladas como sabias. La más humilde alma que está en el cielo sabe más de Dios que el santo más grande que está en la tierra ... No son nuestros grandes teólogos los que entienden tanto la teología como las ovejas del rebaño de la gloria. No son los grandes genios creadores de la tierra quienes entienden la millonésima parte de los grandes significados que han sido descubiertos por las almas que han sido emancipadas del barro.

—*Charles Haddon Spurgeon, en Spurgeon Gems*
[Gemas de Spurgeon]

∞

Conclusión

COMO VE, estoy maravillado por los misterios de estos días. La razón es porque ellos abarcan tantas cosas de la vida.

Algunos son profundamente serios, mientras que otros son alegres y humorísticos.

El misterio de la lavadora que hay en el cuarto de lavado de nuestras casas me viene a la mente. Toda familia sabe lo que es esto. Usted mete ocho pares de calcetines, cada par haciendo un juego perfecto, en la misma carga de ropa a lavar, y luego saca seis pares que combinan y dos calcetines individuales que no combinan entre sí. Y no solo no recuerda haber puesto esos dos allí... sino que los otros que sí puso jamás aparecen.

Luego está el misterio de los carriles de circulación en el tráfico. El carril en que usted se encuentra es invariablemente el más lento de todos. Cambie de carril, y ese inmediatamente se vuelve tan lento como una garrapata. ¡Qué se le va a hacer!

También está el misterio del emparedado de jalea y mantequilla de maní. Ahora bien, este sí que es bravo. ¿Por qué será que cuando se nos cae uno accidentalmente mientras lo hacemos, cae casi siempre del lado untado? (Se ha dicho que el que caiga o no del lado untado está en proporción directa con el costo de la alfombra.)

¿Y qué del misterio de la falla del vehículo? Durante tres semanas usted ha estado luchando con el mismo insistente problema en su automóvil. Entonces, una mañana muy temprano finalmente saca tiempo para llevarlo corriendo al taller mecánico. Pero tan pronto como el mecánico levanta el capó, el bebé empieza a ronronear como un gatito. No hay ni siquiera la más mínima falla en el motor. El tipo en traje de mecánico lo mira entonces como si *usted* fuera el que necesita que le arreglen algo. De modo que se marcha perplejo, y a medio camino del trabajo se le apaga el motor en plena autopista. Los misterios abundan.

Pasando a algo más serio, está el misterio del mar, especialmente el de la marea, con su inusual matrimonio con la luna. O el consistente y absolutamente preciso movimiento de los espacios estelares y de la sobrecogedora monstruosidad de nuestro espacio exterior. En el otro extremo, una mirada casual a un microscopio revela un mundo aparentemente invisible desbordante de vida.

¡Esto sí que es hablar de algo diminuto! ¿Sabía usted que si pudiéramos agrandar un electrón al tamaño de una manzana, y que si un ser humano pudiera ser agrandado en la misma proporción, una persona podría tener todo el sistema solar en la palma de su mano... y tendría que utilizar una lupa para poder verlo?

Si piensa que tales cosas son asombrosas, piense junto conmigo en lo que significa el tratar de descifrar lo que Dios está planeando. Hemos pasado doce capítulos juntos tratando este tema. Él da, y Él quita. Él comienza, y Él detiene. Él concede nuestro deseo, y Él abruptamente nos lo niega. Él sorprende, y Él desilusiona. Él parece distante y desinteresado, y Él nos rodea con su reconfortante presencia.

Dios nos da un sueño, lleno de emoción y de esperanza, y luego nos impide alcanzarlo sin darnos ninguna explicación. Y perdemos.

Por otra parte, nos encontramos con una situación que parece imposible, más allá de nuestra capacidad de manejarla... y Él quita un obstáculo tras otro, sin que podamos hallarle ninguna explicación, y disfrutamos de un éxito sorprendente. Y ganamos.

Así es el plan inescrutable de Dios. Y le digo que ya es hora de que dejemos de tratar de descifrarlo. Reconózcalo: esto es algo que está más allá de nuestra comprensión. ¿Qué hacer, entonces? Acéptelo. Ese es mi consejo puro y simple.

Después de haber caminado con el Señor por más de cincuenta años, finalmente tengo el valor de decirlo públicamente, en voz alta y bien claro: La voluntad de Dios, desde nuestro punto de vista finito y humano, es un misterio. Correcto: un M-I-S-T-E-R-I-O.

Recuérdese esto dos o tres veces al día, y antes que pueda darse cuenta, comenzará realmente a creerlo y vivirlo. Cuando eso suceda, no podrá imaginarse cuán relajado y aliviado estará, lleno de expectativas y de asombro... por el resto de su vida.

Notas

Capítulo uno
Un proceso y un rompecabezas

1. Elisabeth Elliots, *Keep a Quit Heart*, Vine Books, Ann Arbor, MI, 1995, como fue citada en *Christianity Today*, 6 de febrero de 1999, p. 84.
2. Origen, *On First Principles*, Harper & Row, editores, New York, NY, 1966, s.p.

Capítulo dos
Dios decreta... Dios permite

1. Grant Howard, *Knowing God's Will —and Doing It*, Zondervan Publishing House, Grand Rapids, MI, 1976, p. 14.
2. *Ibíd*, pp. 14-15.
3. Garry Friesen with J. Robin Masón, *Decisión Making and the Will of God: A Biblical Alternative to the Traditional View*, Multunomah Press, Portland, OR, 1980, p. 244.
4. John R. W. Stott, *The Preacher's Portrait*, William B. Eerdmans Publishing Co., Grand Rapids, MI, 1961, pp. 11-13

Capítulo tres
De la teoría a la realidad

1. Henry T. Blackaby and Claude V. King, *Experiencing

God, Broadman & Holman Publishers, Nashville, TN, 1994, p. 44.

2. *Ibíd*, p. 133.
3. *Ibíd*, pp. 36 y 138.
4. *Ibíd*, p. 147-148.

Capítulo cuatro
Rendición total a la voluntad de Dios
1. Extractos de *The Knowledge of the Holy, The Attributes of God: Their Meaning in the Christian*, por A. W. Tozer, p. 111. Copyright © 1961 por Aiden Wilson Tozer. Copyright renovado. Reimpreso con permiso de Harper Collins Publishers, Inc.
2. Henry T. Blackaby and Claude V. King, *Experiencing God*, Broadman & Holman Publishers, Nashville, TN, 1994, p. 38.
3. Nota al pie en Génesis 4:3-4, *Biblia de Estudio*, NIV (en inglés), Zondervan Publishing House, Grand Rapids, MI, 1085, p. 11.
4. Stuart P. Garver, *Our Christian Heritage*, Christ Mission, Hackensack, NJ, 1973, p. 59.
5. Philip Schaff, *History of the Christian Church*, William B. Eerdmans Publising Co., Grand Rapids, MI, 1910, p. 325.
6. Citado por Harry Emerson Fosdick en *Great Voices of the Reformation*, Random House, New York, NY, 1952, p.8.
7. Citado por Warren W. Wiersbe y David Wiersbe en *Making Sense of the Ministry*, Baker Book House, Grand Rapids, MI, 1983, p. 36.
8. Warren Wiersbe, *Walking with the Giants*, Baker Book House, Grand Rapids, MI, 1976, p. 61.
9. Citado por Warren Wiersbe en *Walking with the Giants*, p. 61.

Capítulo cinco
Otro misterio profundo: la soberanía de Dios
1. Citado por A. W. Tozer en *The Knowledge of the Holy*, Harper & Row, editores, San Francisco CA, 1961, p. 115.
2. Tozer, *The Knowledge of the Holy*, pp. 115-116. Usado con permiso.
3. Tozer, *The Knowledge of the Holy*, pp. 117-118. Usado con permiso.
4. John Oxeham, *Bees in Amber*, American Tract Society, New York, NY, 1913, s.p.

Capítulo seis
Los misteriosos labios de Dios
1. Walter Chalmers Smith, «Immortal, Invisible», s.f.
2. Eugene Peterson, *Run with the Horses*, Copyright © 1983, InterVarsity Christian Fellowship of the USA. Usado con permiso de InterVarsity Press, P.O. Box 1400, Downers Grove, IL, 60515, y Harper Collins Publishers Ltd.
3. Peterson, *Run with the Horses*. Usado con permiso.
4. *Ibíd.*

Capítulo siete
La admirable misericordia de Dios
1. Citado por William Barclay en *The Letters to Timothy, Titus and Philemon*, The Saint Andrew Press, Edinburgh, Escocia, 1956, 1960, 9. 53.
2. Barclay, *The letters of Timothy, Titus and Philemon*, pp. 53-54.
3. Carolina Sandell Berg, «Day by Day», trad. Andrew L. Skoog, s.f.
4. Francis A. Schaeffer, *No Little People*, InterVarsity Press, Downers Grove, IL, 1974, p. 112.

Capítulo ocho
La misteriosa inmutabilidad de Dios
1. F. B. Meyer, *Christ in Isaiah*, Morgan and Scott, Christian Literature Crusade, Londres; Fort Washington, PA, s.f., p. 9-10.
2. David A. Redding, *Jesús Makes Me Laugh*, Zondervan Publishing House, Grand Rapids, MI, 1977, pp. 101-102.

Capítulo nueve
¿Puede la voluntad de Dios hacernos santos?
1. John White, *The Fight*, InterVarsity Press, Downers Grove, IL, 1976, pp. 179-180.
2. Paul Lee Tan, ThD, «Gospel for the Youth», en *Enciclopedia of 7,700 Illustrations: Signs of the Times*, Assurance Publishers, Chicago, IL, 1979, p. 1404.

Capítulo diez
El Dios de las sorpresas
1. A. W. Tozer, *The Root of the Righteous*, Christian Publications, Camp Hill, PA, 1955, 1986, p. 137.